# Inhaltsverzeichnis





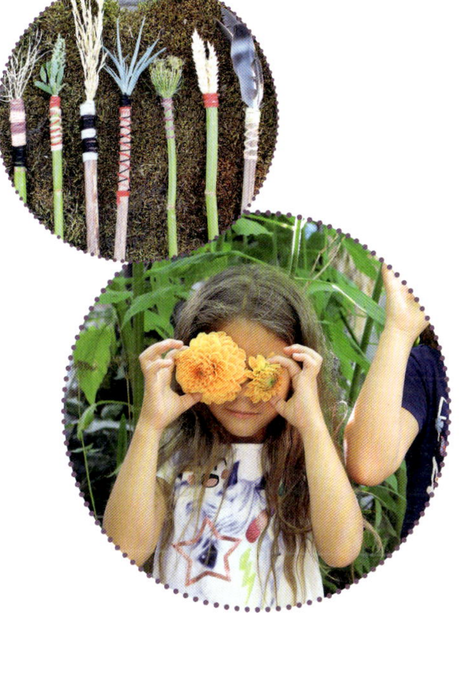

Erdbeere
Johannis

# Vorwort

Liebe Kolleginnen und Kollegen,

Kinder sind von Natur aus neugierig. Sie lieben es, zu experimentieren und auszuprobieren, zu mischen und zu matschen. Um dabei Gesetzmäßigkeiten zu erkennen und konkrete Ergebnisse zu erzielen, brauchen sie lediglich ein wenig fördernde Unterstützung durch einen Erwachsenen.

Im Kapitel „Herstellung von Pflanzenfarben" finden Sie zwölf verschiedene Anleitungen, die meist auch ein Experiment oder eine Verwendungsmöglichkeit beinhalten. So lernen die Schüler* die Pflanzen und ihre Verwendungsmöglichkeit kennen. Die künstlerischen Ergebnisse an sich sind dabei nicht das Wichtige. Die eigene Herstellung von Farben, das Hantieren mit Geräten und Werkzeugen und das Experimentieren mit den verschiedenen Pflanzenfarben schulen die Wahrnehmung und die Motorik der Kinder.

Lassen Sie die kleinen Forscher erzählen, was sie vorhaben, welche Entdeckungen sie beim Experimentieren gemacht und welche Ergebnisse sie erzielt haben. So wird gleichzeitig die sprachliche Kompetenz gefördert.
Geben Sie den Kindern die Möglichkeit und den Freiraum für eigene Ideen und Experimente, um ihre Kreativität, ihren Ideenreichtum und ihren Erfahrungsschatz zu erweitern.

Das Kapitel „Malen mit Pflanzenfarben" bietet Ihnen viele Ideen, wie Sie mit Pflanzenfarben schöne Papiere oder Bilder gestalten und was Sie aus den gewonnenen Papieren noch basteln können.

Viel Spaß beim Ausprobieren
Andrea Wegener

Ich danke meinem Mann **Horst Wegener** und **meinen Kindern**, die mich täglich in meiner Arbeit unterstützen und ermutigen. Meinen Enkeln **Ophelia, Phineas, Ean** und **Emil** danke ich für ihre Geduld bei den Fotoaufnahmen.

***Anmerkung:** Aus Gründen der besseren Lesbarkeit wird im Folgenden auf eine sprachliche Differenzierung der weiblichen und männlichen Bezeichnung verzichtet. Wir haben uns für die „neutrale" Form entschieden, selbstverständlich sind stets alle Geschlechter angesprochen.

# Sammeln von Pflanzen

Bei einem Spaziergang durch Wald und Feld sammeln die Schülerinnen und Schüler Blüten und Pflanzenteile, die zu Pflanzenfarben weiterverarbeitet werden. Dabei sollen sie lernen, Pflanzen und Lebensräume zu respektieren und zu schützen und nur so viel zu sammeln, wie auch wirklich benötigt wird. Es soll stets ein ausreichender Bestand zurückbleiben, sodass die Pflanze sicher fortleben kann. Zeigen Sie den Kindern vor dem Ausflug ein Bild der Pflanze und besprechen Sie genau, wie viel gesammelt werden soll. Die Kinder sollen auch versuchen, so wenig andere Pflanzen wie möglich zu zertreten oder zu beschädigen.

Manchmal lohnt es sich, an Sammelstellen für Grünschnitt nach brauchbaren Blüten zu schauen. Auch Gärtnereien und Blumenläden geben oft Blütenteile kostenlos ab, die man zur Herstellung von Pflanzenfarbe verwenden kann.
**Achtung:** Zum eigenen Schutz werden nur **ungiftige Pflanzen** gesammelt. Einige der hier verwendeten Beeren und Pflanzen sind zwar nicht giftig, aber auch nicht genießbar. Deshalb sollten die Schüler unbedingt darauf hingewiesen werden, grundsätzlich keine Pflanzenteile zu essen. Aus hygienischen Gründen ist es wichtig, nach dem Sammeln, aber auch nach dem Arbeiten mit den Pflanzen, gründlich die Hände zu waschen. Obst und Gemüse sollte ebenso vor der Verarbeitung immer gründlich gewaschen werden.
Auch im Winter, wenn die Natur keine Blumen und Blüten bietet, kann man Pflanzenfarben herstellen. Zahlreiche Pflanzenfarben stellt man aus Gemüse, Früchten und Beeren her, die es in den Frischeabteilungen der Supermärkte das ganze Jahr über im Angebot gibt. Um eine **Verschwendung von Lebensmitteln zu vermeiden,** können Sie in Supermärkten nach Lebensmitteln fragen, die weggeworfen werden sollen. Im Biomarkt oder bei einem Bauern können Sie zusätzlich darauf achten, dass Sie saisonales und regionales Obst und Gemüse bekommen. Die Materialien, Mengen und das „Handwerkszeug" sind jeweils für ein Kind angegeben.

## Naturpinsel

Um den Kindern Kunst aus der Natur noch näher zu bringen, kann man die Pinsel aus Naturmaterialien fertigen. Dazu verwendet man fingerdicke Astabschnitte, die innen hohl sind, wie zum Beispiel Japanischer Knöterich, Wiesenkerbel oder Engelwurz. Andere Pflanzen wie Holunder oder Zweige von Haselnuss besitzen ein weiches Mark. Es lässt sich leicht mit einem Handbohrer oder spitzen Stäbchen etwa 2 cm tief herauskratzen. In die Öffnung stecken die Schüler Bündel von Gräsern, Ähren und Binsen, Thuja- oder Tannenzweige, aber auch Federn sind möglich. Mit einem Wollfaden kann das Ende noch zusätzlich umwickelt werden.
Eine andere Art der Pinsel erhält man, wenn man den Zweig auf einer Seite so lange bearbeitet, bis er sich in viele einzelne Fasern zerteilt. Hierfür verwenden die Schüler einen Hammer oder einen dicken Stein.

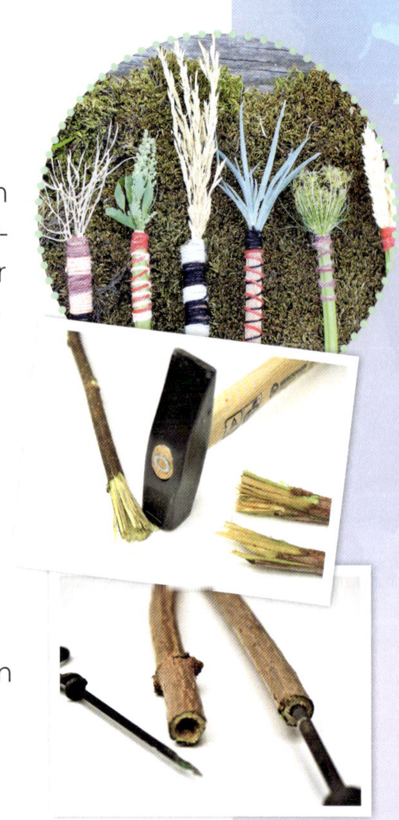

# Arbeiten mit Pflanzenfarben

## Vorbereitung

Bevor die Schüler mit dem Arbeiten mit Pflanzenfarben beginnen, sollten einige Vorbereitungen getroffen werden.

Den Arbeitsplatz legt man mit mehreren Lagen Zeitungspapier aus, um die Möbel nicht zu ruinieren.

Vor dem Arbeiten mit Pflanzenfarben sollten immer Hände, Kleidung und der Arbeitsraum vor Flecken geschützt werden. Alle Pflanzen sollten vor der Verarbeitung gründlich gewaschen werden. Ein Arbeitskittel oder ein altes Männerhemd bewahren die Kleidung vor unvorhergesehenen Flecken. Auch Mülltüten können mehrfach als Kleiderschutz verwendet werden. Falls doch einmal ein Farbfleck in der Kleidung entstanden ist, benetzt man ihn mit Zitronensaft oder bestreut ihn mit Salz. Nach einer kurzen Einwirkzeit wird mit Seifenwasser nachgespült. Gummihandschuhe in Größe S oder XS bewahren kleine Kinderhände vor Verfärbungen und können mehrfach verwendet werden.

Zum Malen mit Pflanzenfarben verwenden die Kinder Haarpinsel in verschiedenen Stärken: dünne Pinsel für feine Muster, breite Pinsel für größere Flächen. Auf Seite 4 wird beschrieben, wie man Pinsel aus Naturmaterialien selbst herstellen kann. Am besten verwendet man für jede Farbe einen eigenen Pinsel, damit sich die Farben nicht vermischen und man am Ende nur noch eine braune Einheitsfarbe hat.

Beim Malen und Experimentieren mit Pflanzenfarben benötigen die Kinder festes Papier, das nicht so schnell aufweicht und gleichzeitig die Flüssigkeit aufsaugt. Besonders geeignet sind Tapeten, Packpapier, Tonkarton usw. Für feine Zeichnungen benutzen die Schüler einen Zeichenblock oder das etwas teurere Aquarellpapier.

## Tipps zu Pflanzenfarben

- Pflanzenfarben sind lichtempfindlich. Im Laufe von mehreren Tagen können sie sich verändern. Zum Vergleich können die Schüler nach einigen Tagen neue Farbe herstellen und die beiden Farben miteinander vergleichen.

- Pflanzenfarben sind nur begrenzt haltbar. Deshalb bewahrt man sie am besten im Kühlschrank auf. Wenn nicht alles verwendet werden soll, lassen sich die Saftfarben auch gut einfrieren. Dazu nimmt man kleine verschließbare Gefäße, die man in Drogeriemärkten als Cremedöschen erwerben kann (auch leere, gereinigte Cremedosen können verwendet werden). Alternativ ist auch das Einfrieren in breiten, nicht zu hohen Gläsern möglich. Diese bitte nicht bis oben füllen.

- Kleine Mengen an Pflanzenfarben lassen sich konservieren, indem man sie an einem warmen Ort eintrocknen lässt. Dazu eignen sich kleine Deckel oder die Alubehälter von Teelichtern. Wenn man die Farbe wiederverwenden möchte, kann man sie mit einem Tröpfchen Wasser oder Kleister verflüssigen.

- Die Leuchtkraft der Pflanzenfarben lässt sich durch Alaun hervorheben. Alaunsalz erhält man in der Apotheke. Dazu werden 2–3 Esslöffel Alaunsalz in ¼ Liter Wasser aufgekocht und so lange verrührt, bis sich die Kristalle aufgelöst haben. Nach dem Abkühlen kann man einen Esslöffel von dem Sud in die Pflanzenfarbe geben. **Dies sollte die Lehrkraft tun, da Alaun für Kinder nicht ungefährlich ist.**

## Experimente mit Pflanzenfarben

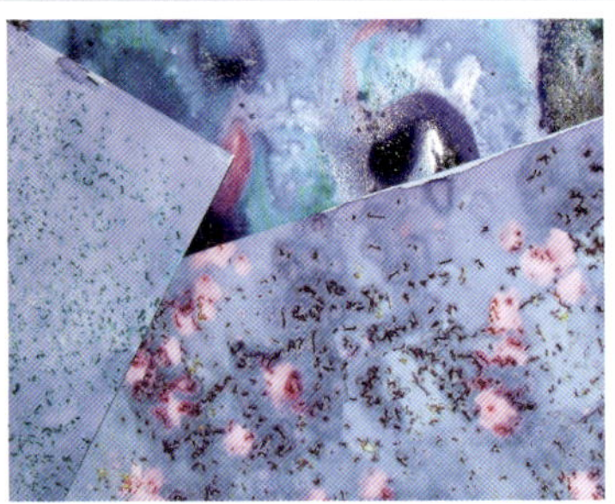

**Zitronenschale geraspelt**

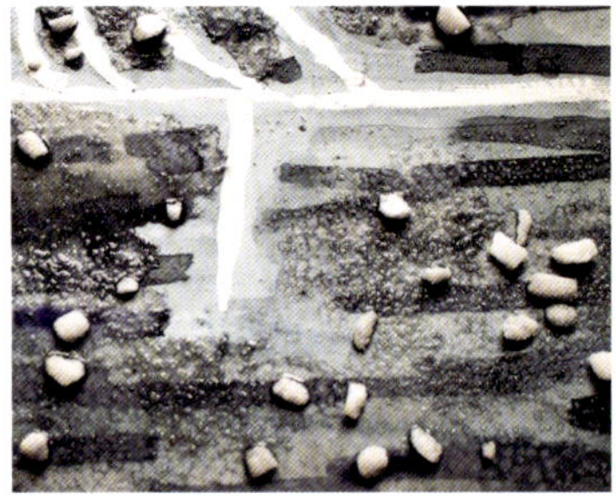

**Salz**

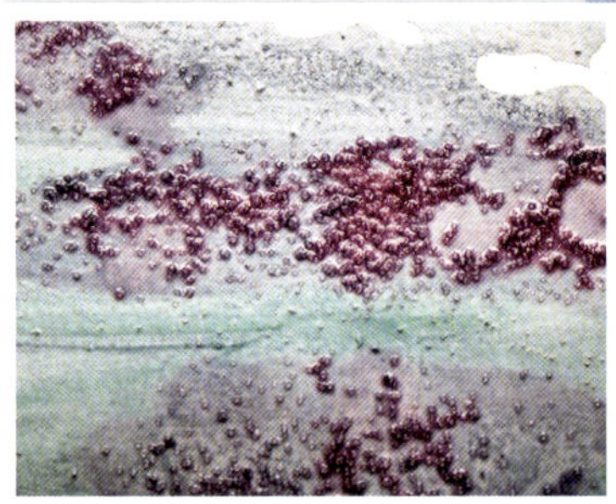

**Backpulver/Natron**

- Streut man Salz auf die nasse Pflanzenfarbe, saugen die Salzkristalle die Feuchtigkeit auf und es bilden sich interessante Kristallmuster. Unterschiedliche Körnungen des Salzes bilden dabei verschiedene Strukturen.

- Einige Pflanzenfarben wie Rotkrautsaft oder Holunderbeerenfarbe reagieren auf Laugen und Säuren. Mit Hilfe von Natron- oder Backpulver, Seife, Essigessenz oder Zitronensaft können die Kinder interessante Experimente durchführen. Gibt man kleine Mengen dieser Substanzen auf das bemalte Papier, so lange es nass ist, kann man beobachten, wie sich die Farben verändern: von Blau über Türkis bis Grün, von Violett über Magenta bis Pink. Mit den gefärbten Papieren können später hübsche Kunstwerke geschaffen werden.

- Mit Malventee lassen sich auch interessante Muster auf Papier zaubern: Dazu streut man einige Krümel Malventee auf die nasse Pflanzenfarbe und beobachtet, wie die Krümel „aufblühen“ und Farbmuster in kräftigen Blau- und Rottönen auf dem Papier hinterlassen.

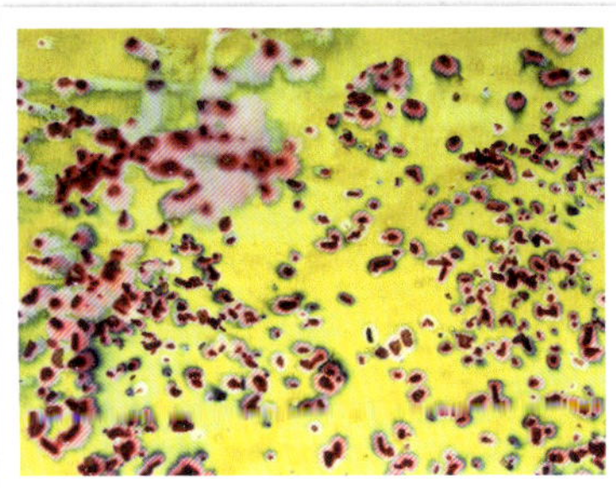

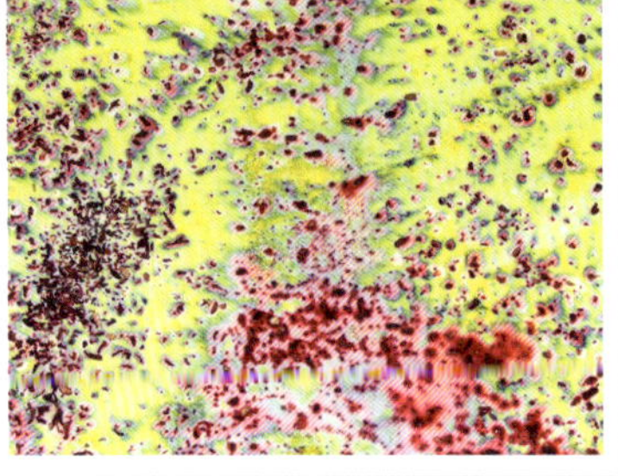

**Malventee**

# Konsistenz von Pflanzenfarben

- Pflanzenfarbe ist meist recht flüssig. Wird eine cremigere Konsistenz gewünscht, kann man etwas **Kleisterpulver** unterrühren.

- Besonders gut eignen sich **Baumharze** zum Verdicken der Farbe. Baumharz wird oft von Obstbäumen (vor allem von Kirsch- und Pflaumenbäumen) abgesondert, deren Äste beschnitten wurden. Zur Gewinnung werden die bernsteinfarbenen Klumpen vorsichtig von der Rinde abgekratzt und in einem Behälter gesammelt. Beim Zubereiten der Pflanzenfarben mischt man einige Klümpchen davon in die warme Flüssigkeit und rührt so lange, bis sich das Harz aufgelöst hat. Das Baumharz verleiht der Pflanzenfarbe nicht nur eine sämigere Konsistenz, sondern auch einen seidigen Glanz. Die Pinsel lassen sich nach dem Gebrauch leicht mit Wasser auswaschen.

**Tipp:** Löst man einige Klümpchen Baumharz in warmem Wasser auf, erhält man einen sehr gut haftenden Naturkleber. Er eignet sich gut zum Kleben von Papier (s. „Collagen aus Musterpapieren" Seite 34 / 35, „Collagen aus Zeitungspapier" Seite 36 usw.).

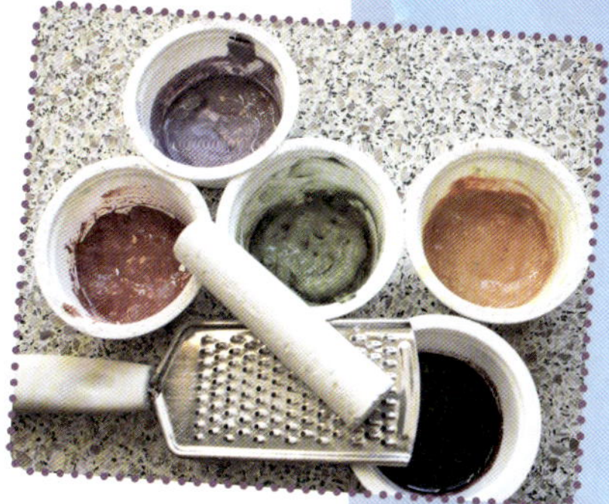

- Eine streichfähige Konsistenz der Pflanzenfarbe erhält man auch mit Hilfe von **Straßenkreide**. Dazu raspeln die Schüler weiße Straßenkreide mit Hilfe einer kleinen Küchenreibe direkt in die Pflanzenfarbe und verrühren die Mischung zu einer homogenen Pastellfarbe.

- Mit der cremigen Pflanzenfarbe können die Kinder auf die unterschiedlichsten Untergründe malen. Holz und Baumrinden eignen sich ebenso wie Schieferplatten oder Steine.

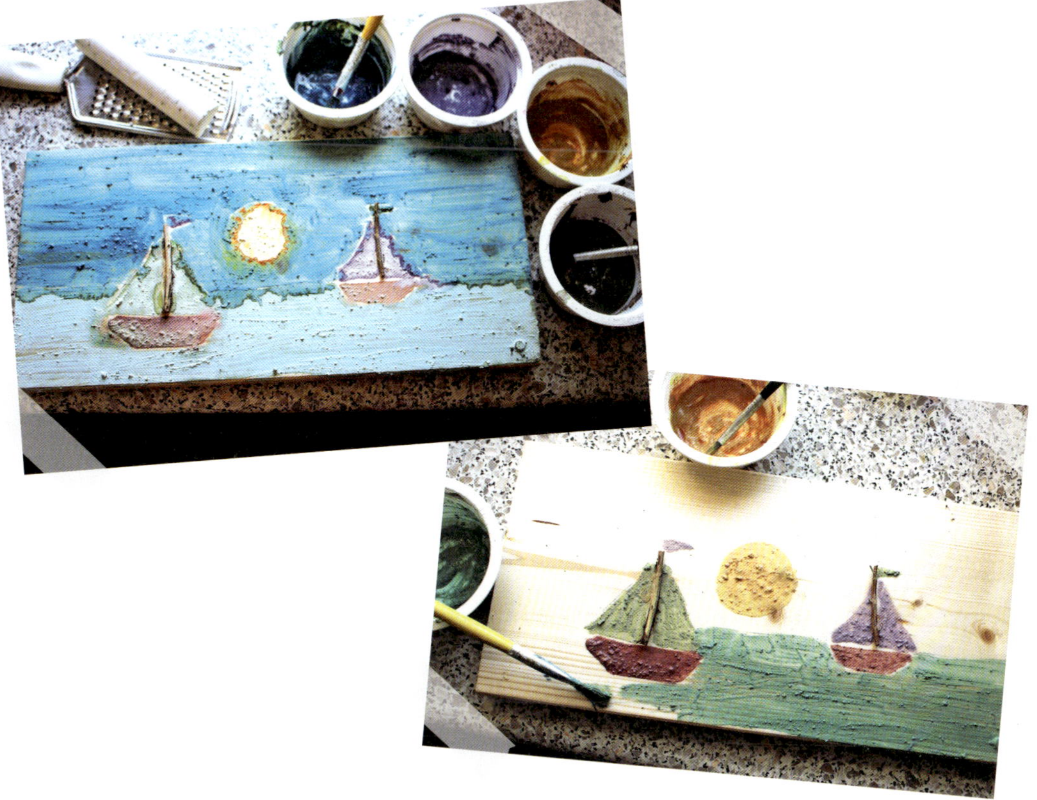

# Herstellung von Pflanzenfarben

## Rot aus Erdbeeren, Himbeeren und Johannisbeeren

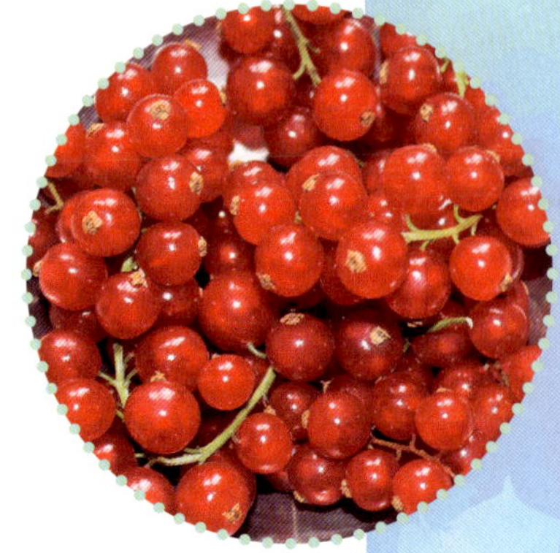

Im Frühling und Sommer ist Erntezeit für zahlreiche Beerenarten. Sie eignen sich gut zur Herstellung von Saftfarben. Schüler, deren Familie einen Garten besitzt, können eigene Beeren ernten und zur Farbherstellung mitbringen. In den Obstregalen der Supermärkte, Bioläden oder Bauernhofläden findet man heutzutage fast das ganze Jahr über Beeren, die man ebenso verwenden kann (s. Hinweis S. 4).

**Färberpflanze:**
je Kind ½ Tasse Beeren

**Hilfsmittel:**
Gummihandschuhe, 1 Schüssel, 1 feines Sieb, 1 Esslöffel, etwas Wasser, evtl. 1 kleines Gefäß, Zeichenpapier, Pinsel, grobkörniges Salz, Natron- oder Backpulver, Zitronensaft

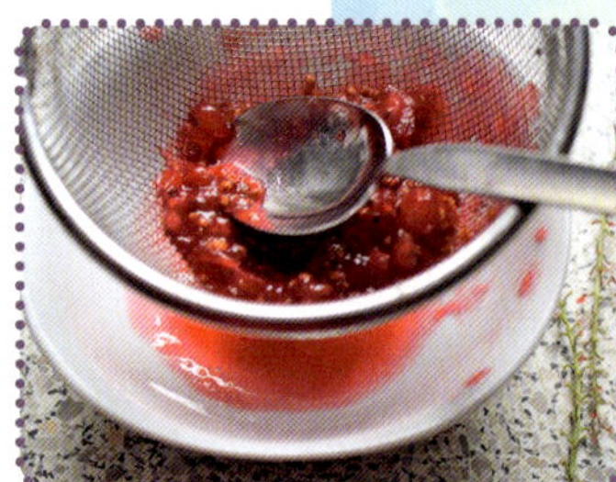

**Anleitung:**
Zuerst wird das Sieb auf die Schüssel gestellt und die Früchte werden hineingelegt. Mit einem Esslöffel werden die Früchte zerdrückt.
Dann geben die Schüler einen Löffel Wasser hinzu und pressen die Früchte noch einmal aus. Der rote Saft wird in der Schüssel darunter aufgefangen.
Saftfarbe aus Beeren ist nur sehr begrenzt haltbar. Sie sollte direkt verwendet werden. Im Kühlschrank kann sie einige Tage lang aufbewahrt werden.

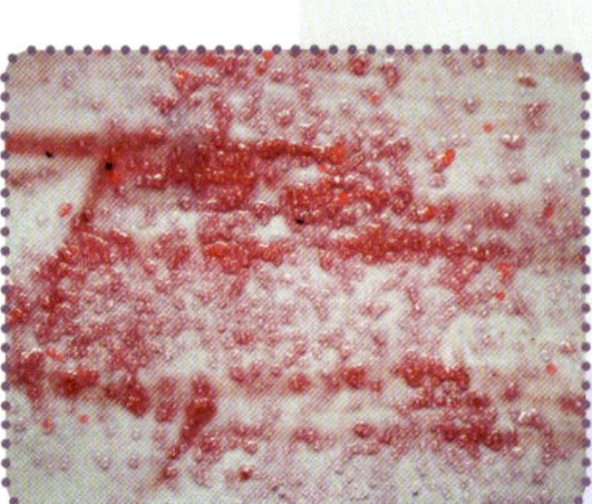

**Experiment:**
Die Schüler bestreichen ein Zeichenpapier mit Beerenfarbe. Auf das nasse Papier streuen sie einige Salzkrümel und beobachten, wie die Farbe in deren Umkreis aufgesogen wird. Die Flächen werden heller und es bilden sich Formen, die wie kleine Eiskristalle aussehen.

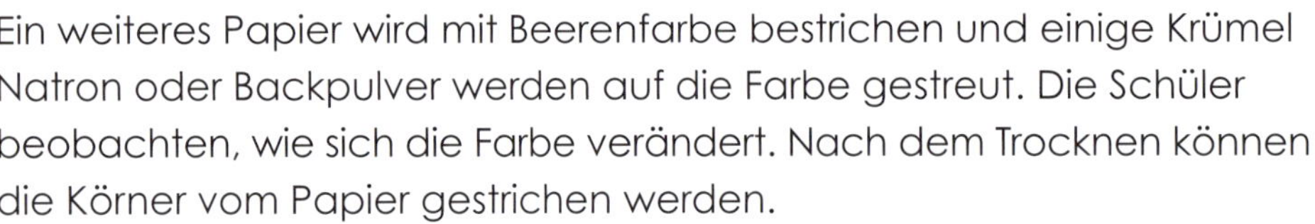

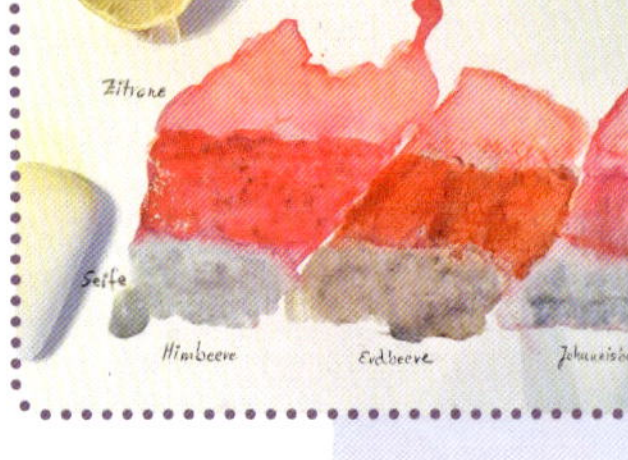


Ein weiteres Papier wird mit Beerenfarbe bestrichen und einige Krümel Natron oder Backpulver werden auf die Farbe gestreut. Die Schüler beobachten, wie sich die Farbe verändert. Nach dem Trocknen können die Körner vom Papier gestrichen werden.

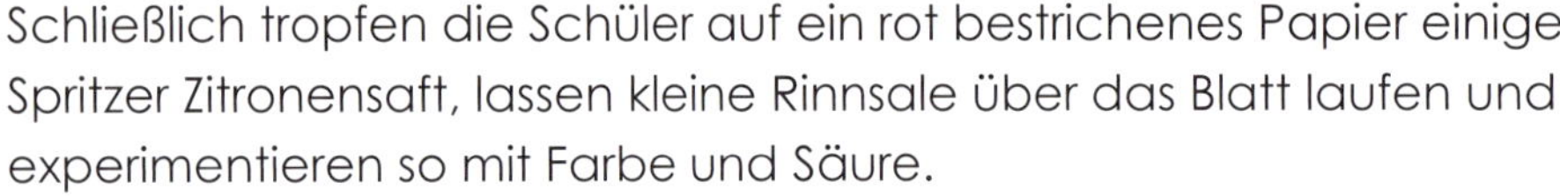

Schließlich tropfen die Schüler auf ein rot bestrichenes Papier einige Spritzer Zitronensaft, lassen kleine Rinnsale über das Blatt laufen und experimentieren so mit Farbe und Säure.
Die Blätter werden getrocknet und können im Kunstunterricht weiterverwendet werden.
**Tipp:** Die Kinder streichen verschiedene Beerenfarben nebeneinander auf ein Papier und träufeln einige Spritzer Zitronensaft auf jeden Streifen. Dann können sie beobachten, wie sich die Farben langsam verändern.

# Rot aus Roter Bete

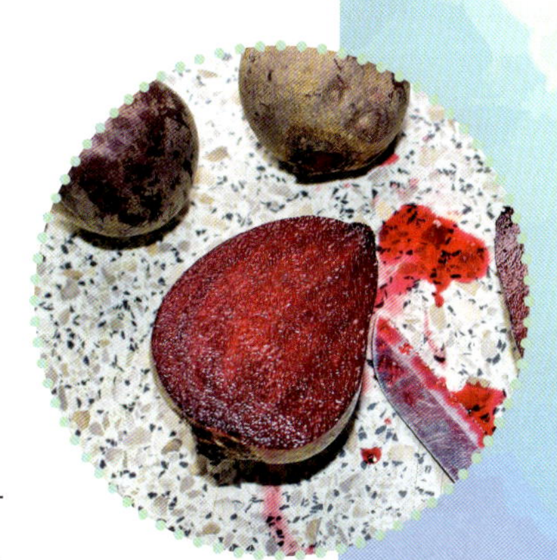

Die Rote Bete, auch rote Rübe genannt, stammt ursprünglich aus Nordafrika. Die äußerst vitaminreichen Knollen wurden von den Römern nach Europa gebracht. Ihr pinkfarbener Saft enthält den natürlichen Farbstoff Betanin. Dieser wird in der Lebensmittelindustrie zum Färben von zahlreichen Lebensmitteln wie Erdbeereis, Joghurt, Marmelade oder Bonbons verwendet. Auf den entsprechenden Verpackungen findet man den Farbstoff unter der Bezeichnung „E 162".

**Färberpflanze:**
je Kind ½ Knolle Rote Bete

**Hilfsmittel:**
Gummihandschuhe, Schutzkleidung oder altes Hemd, 1 altes Küchentuch oder Baumwollstoff, 1 Schüssel, 1 Küchenreibe, 1 Esslöffel, etwas Wasser, verschließbares Gefäß, Naturjoghurt, Marshmallows, 1 Teelöffel, 1 kleine Schüssel

**Anleitung:**
Rote Bete färbt sehr stark. Deshalb sollten die Schüler unbedingt Gummihandschuhe und Schutzkleidung tragen. Die Schüler legen ein Küchentuch oder ein Stück Baumwollstoff über die Schüssel. Dann reiben sie die Knolle mit Hilfe einer Küchenreibe über dem Küchentuch in feine Raspeln und geben einen Löffel Wasser hinzu. Nun werden die vier Enden des Tuches zusammengefasst und der Brei in dem Tuch so lange ausgewrungen, bis alle Flüssigkeit herausgequetscht wurde. Die rote Farbe füllt man in ein verschließbares Gefäß.

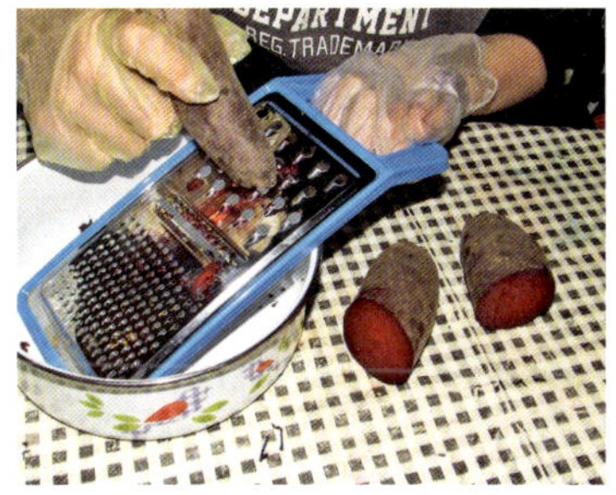

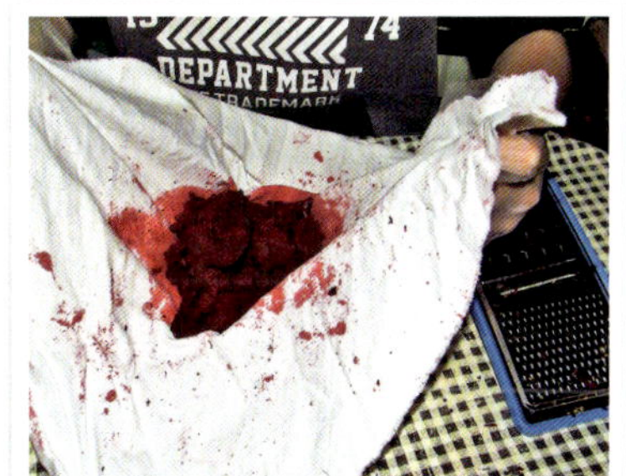


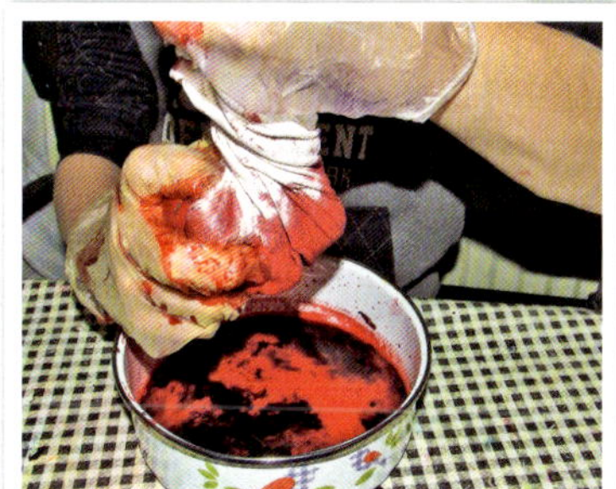

**Experiment:**
In der Lebensmittelindustrie werden zahlreiche Speisen mit dem Farbstoff aus Roter Bete gefärbt. Dies können die Schüler selbst ausprobieren. In einen Naturjoghurt füllen sie zwei Teelöffel Rote-Bete-Saft und verrühren das Ganze.
Auch Marshmallows lassen sich gut einfärben. Dazu wälzen die Schüler die weißen Röllchen in Rote-Bete-Saft, bis diese die gewünschte Farbe aufgenommen haben.
Der Saft verleiht den Lebensmitteln zusätzlich einen fruchtigen Geschmack.

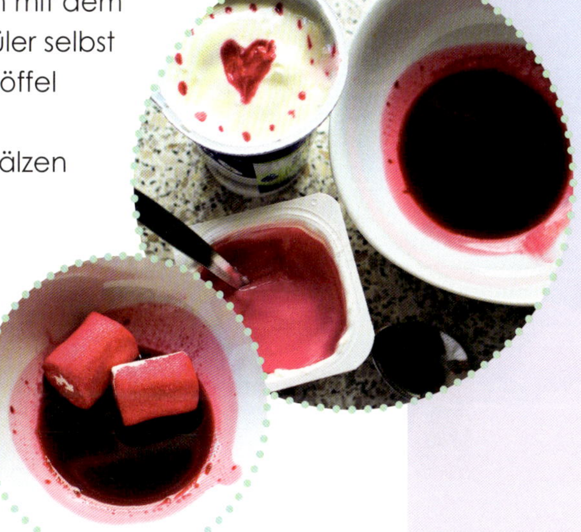

# Rot aus Klatschmohn

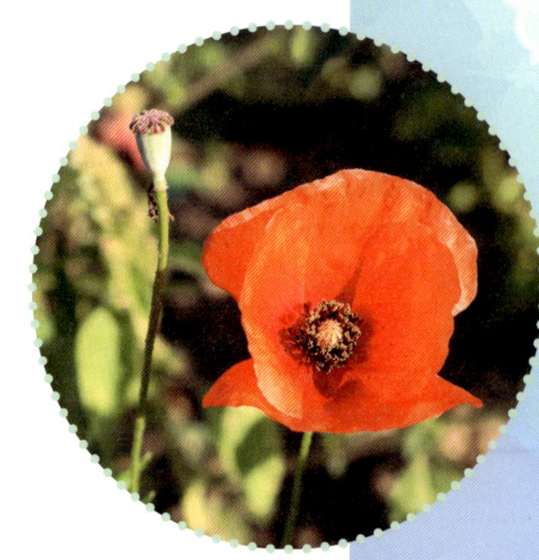

Die leuchtend roten Blüten des Klatschmohns wachsen an Wegrändern, an und auf Kornfeldern und auf Schuttplätzen und Baustellen. Die Blütenblätter entfalten sich aus einer Knospenhülle und wirken wie hauchdünnes, knittriges Papier. Schon nach ein bis zwei Tagen fallen die Blütenblätter ab und übrig bleibt die Fruchtkapsel, in der die Mohnsamen reifen. Diese können als Backzutat verwendet werden.

**Färberpflanze:**
je Kind 1 Tasse rote Blütenblätter, frisch oder getrocknet

**Hilfsmittel:**
Gummihandschuhe, 1 Mörser mit Stößel oder 1 kleine Schüssel mit rundem Stein, etwas Wasser, 1 feines Sieb, verschließbares Gefäß (z. B. kleines Schraubglas), 1 kleiner Löffel, Essigessenz, Tintengläschen, 1 Gänsefeder oder Metall-Schreibfeder, Papier

**Anleitung:**
Die gesammelten Blütenblätter werden in einen Mörser oder in eine kleine Schüssel gefüllt, mit ein wenig Wasser übergossen und mit Hilfe eines Stößels oder eines runden Steines gründlich zerrieben. Dann gießen die Schüler die violett-rote Flüssigkeit durch ein feines Sieb und fangen die Farbe in einem verschließbaren Gefäß (z. B. kleines Schraubglas) auf. Mit Hilfe eines kleinen Löffels pressen sie schließlich die Flüssigkeitsreste aus dem Pflanzenbrei.
**Tipp:** Klatschmohn wächst oft in großen Flächen. Dort kann man einige Blätter auf Vorrat sammeln, sie trocknen und unter Zugabe von ein wenig Wasser zu einem späteren Zeitpunkt verwenden.

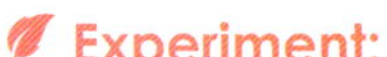

**Experiment:**
Klatschmohn-Tinte kann auch auf folgende Art hergestellt werden:
Die Schüler schichten ihre Mohnblätter in das kleine Schraubglas und füllen es mit einer Mischung aus 1 Teil Essigessenz und 3 Teilen Wasser bis zum Rand auf. Das Gefäß wird 3 bis 4 Tage an einen sonnigen Ort gestellt und täglich kräftig geschüttelt. Dadurch lösen sich die roten Farbstoffe in der Flüssigkeit. Nach einigen Tagen kann die Farbe durch ein Sieb geschüttet, in ein Tintengläschen gefüllt und zum Schreiben verwendet werden.

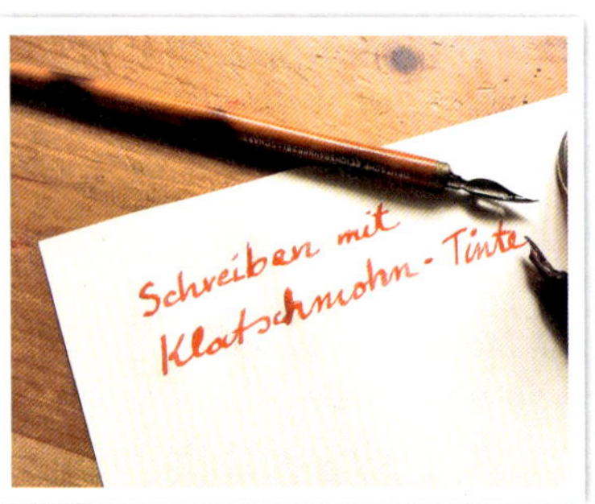


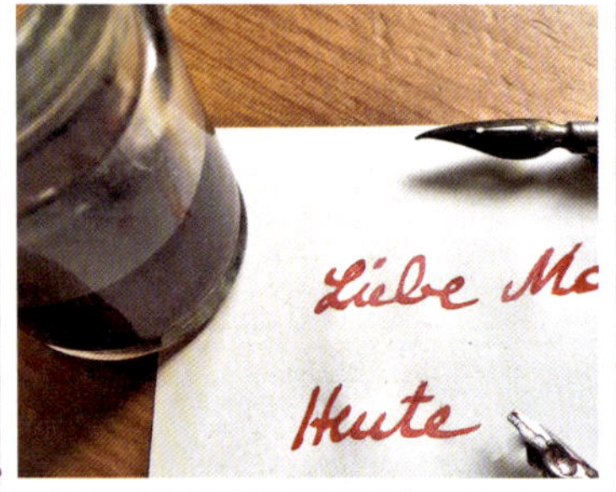


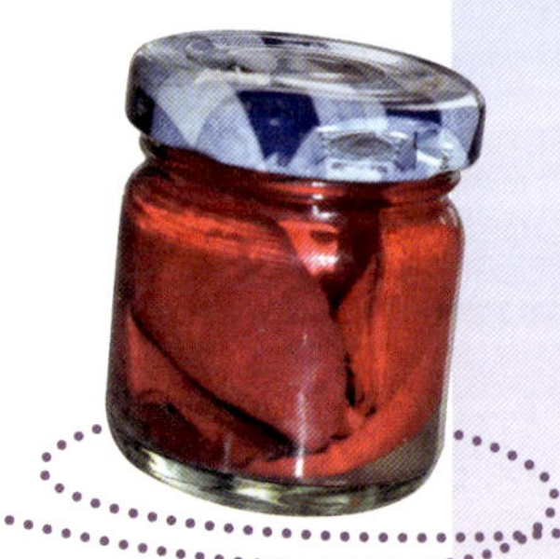

# Grün aus Spinat

Die grünen Spinatblätter, die man in Frischeabteilungen von Supermärkten oder in Gemüseläden erwerben kann, enthalten eine Menge grüner Farbstoffe. Mit ihnen werden zahlreiche Lebensmittel gefärbt, zum Beispiel Nudeln oder Gummibärchen.

**Färberpflanze:**
je Kind 1 Schüssel mit frischen Spinatblättern

**Hilfsmittel:**
Gummihandschuhe, 1 Baumwolltuch, 1 großer flacher Teller (z. B. für Pizza), 1 kleine Teigrolle, 1 mittelgroße Schüssel, verschließbares Gefäß, ein wenig Wasser, 1 Schüssel, 150 g Mehl sowie Mehl zum Ausrollen, 1 Ei, Salz, 1 Messer, Backpapier, 1 großer Topf mit Wasser, Herd

**Anleitung:**
Das Baumwolltuch wird auf einem großen flachen Teller ausgebreitet und die frischen Spinatblätter werden in die Mitte gelegt. Die vier Ecken des Tuches werden so zusammengefasst, dass die Blätter wie in einem Säckchen liegen. Um den Pflanzensaft aufzufangen, wird das Säckchen zum Walzen auf einen flachen Teller gelegt. Nun walzen die Kinder mit einer Teigrolle über das Säckchen, bis der Saft aus den Blättern austritt. Dann pressen die Schüler das Tuch mit der Spinatmasse fest mit den Händen aus und fangen den austretenden Pflanzensaft in einer Schüssel auf. Gießt man ein wenig Wasser auf die zerriebene Spinatmasse, kann weitere grüne Pflanzenfarbe aus den Blättern gelöst werden. Sie wird in einem verschließbaren Gefäß lichtgeschützt aufbewahrt.

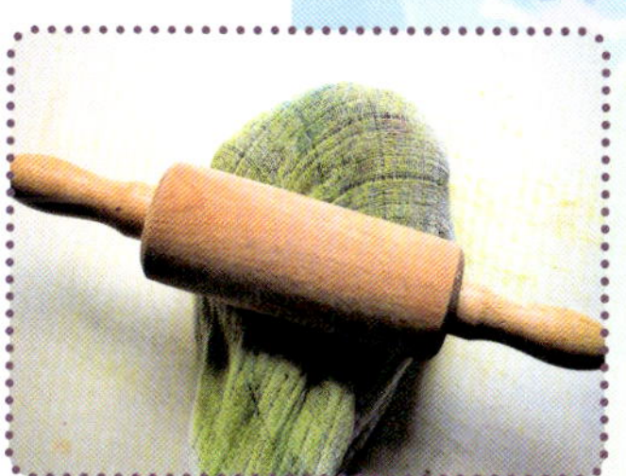

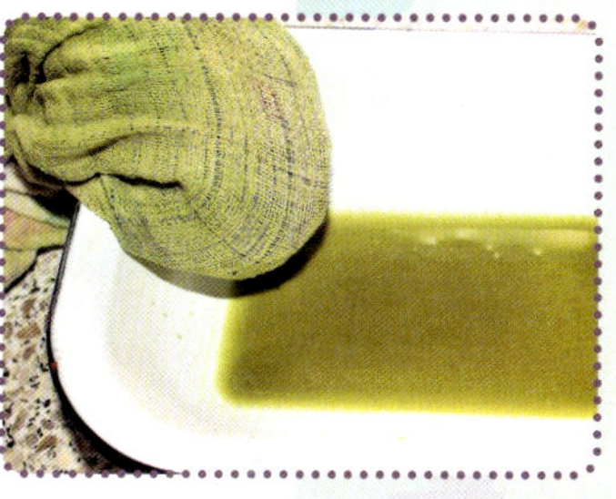

**Experiment:**
Grüne Bandnudeln können nach folgendem Rezept zubereitet werden: 150 g Mehl, 1 Ei, 1 Prise Salz und 20 ml Spinatfarbe werden in einer Schüssel zu einem geschmeidigen Teig zusammengeknetetund anschließend mit Hilfe einer Teigrolle auf einem bemehlten Tisch dünn ausgerollt. Danach schneiden die Schüler den Teig mit einem Messer in schmale Streifen, die zum Trocknen auf Backpapier ausgebreitet werden. Sie werden an einen sonnigen Platz gelegt oder ca. 15 Minuten im Heißluftofen bei niedrigster Stufe getrocknet. In der Zwischenzeit wird in einem großen Topf Wasser zum Kochen gebracht. Die grünen Bandnudeln werden ca. 8 Minuten darin gekocht. Die Reste des Spinats können als gesunde Beilage zu den Nudeln zubereitet werden. Guten Appetit!

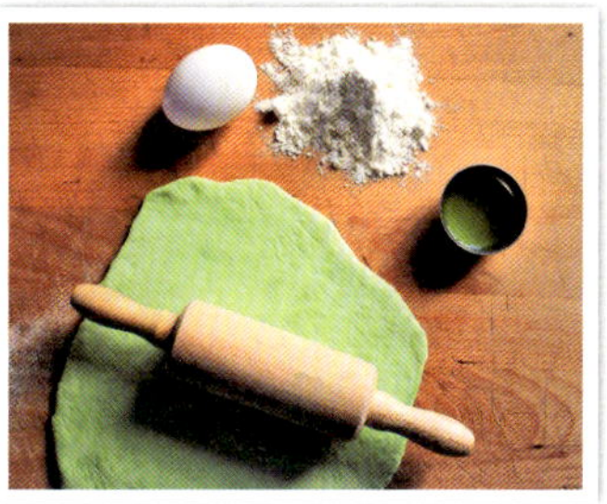

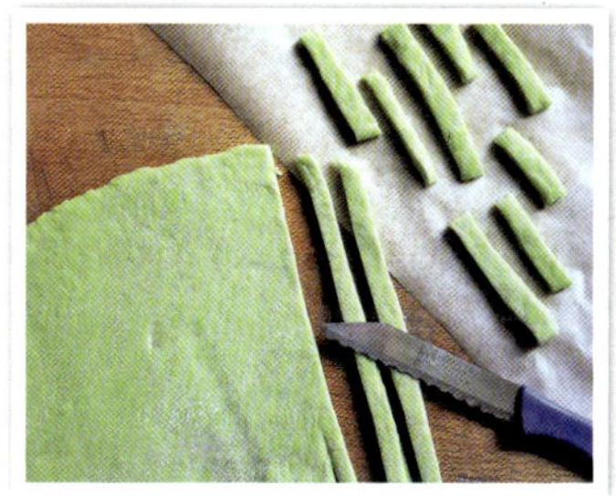

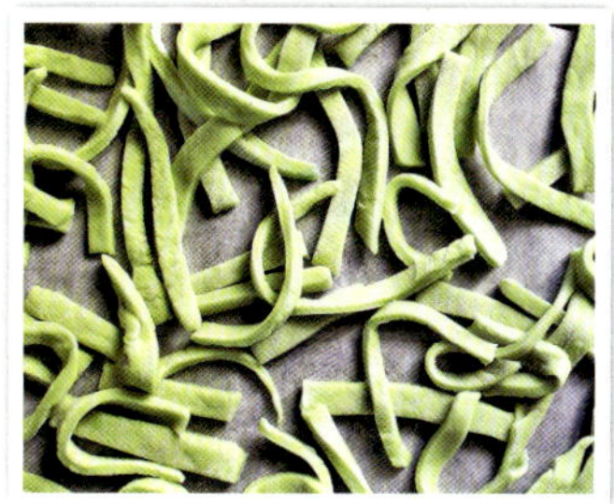

## Gelb aus Curry/Kurkuma

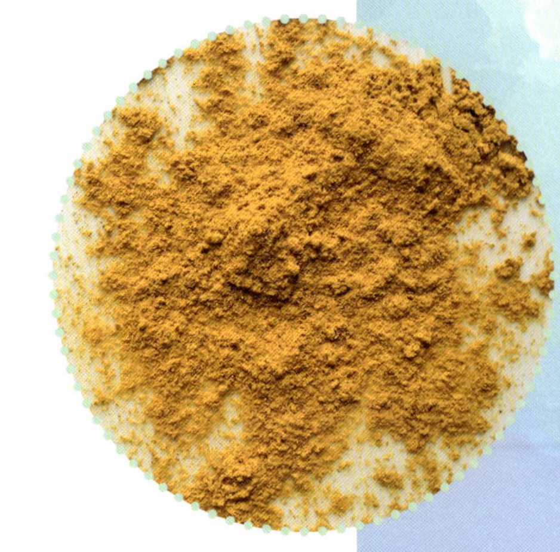

Currypulver findet man in jedem Gewürzregal. Als Curry bezeichnet man im Allgemeinen eine Gewürzmischung aus 13 verschiedenen Gewürzen, deren Rezeptur aus Indien stammt. Den größten Anteil der Mischung nimmt dabei Kurkuma ein, eine Ingwerart aus Südasien, die dem Pulver seine typisch gelbe Farbe gibt. Kurkuma kann man preisgünstig zum Beispiel in türkischen oder asiatischen Einkaufsläden erwerben.

**Färberpflanze:**
je Kind 5 Teelöffel Currypulver oder Kurkuma

**Hilfsmittel:**
Gummihandschuhe, Schüsselchen, Teelöffel, etwas Wasser, breiter und mittlerer Pinsel, Spachtel, weißer Tonkarton

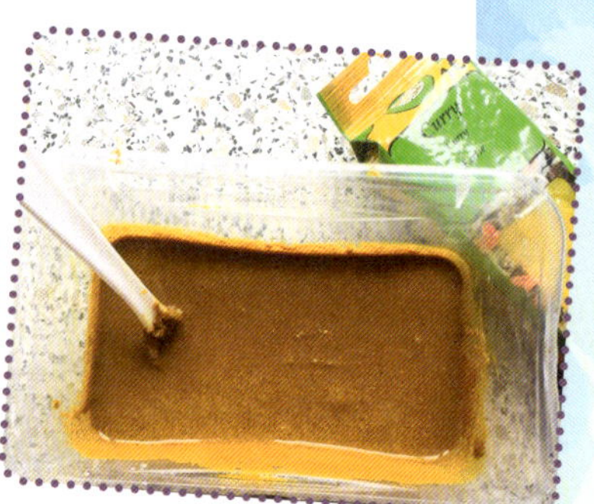

**Anleitung:**
Das Currypulver wird in einer Schüssel mit etwas Wasser verrührt, bis ein cremiger Brei entstanden ist. Dieser wird mit einem Spachtel auf den Tonkarton aufgetragen. Hat der Brei eine dünnflüssige Konsistenz, kann er mit einem Pinsel vermalt werden.

**Experiment:**
Mit Curryfarbe können die Schüler interessante Kratzbilder fertigen. Dazu bestreichen sie einen Bogen weißen Tonkarton dick mit cremiger Curryfarbe und kratzen mit dem Stiel des Pinsels ein Muster in die Farbfläche. Nach dem Trocknen haftet das Currypulver fest auf dem Untergrund.

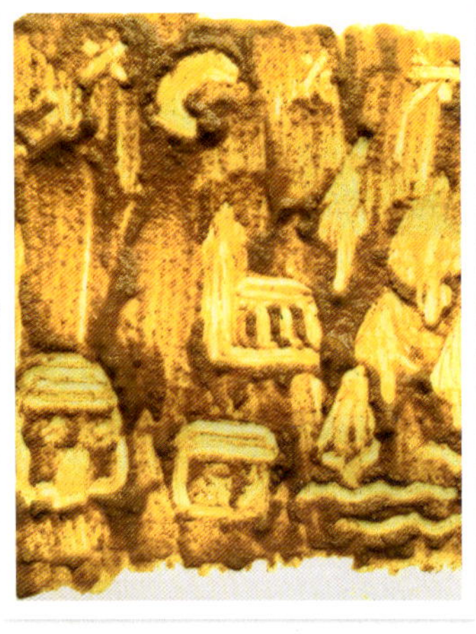

# Gelb aus gelber Paprika

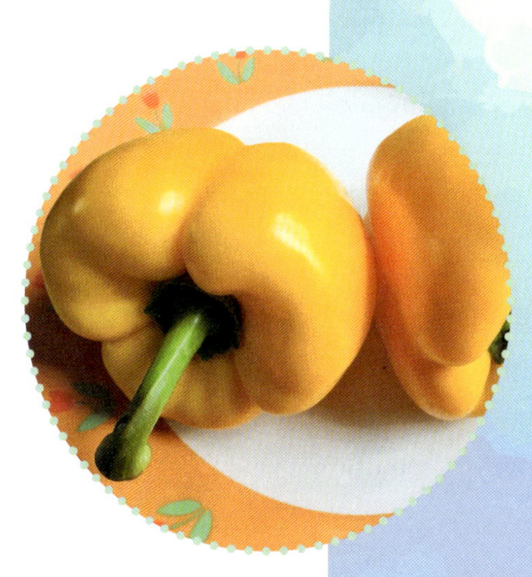

**Färberpflanze:**
je Kind 1 gelbe Paprika

**Hilfsmittel:**
Gummihandschuhe, 1 kleines Küchenmesser, 1 Schneidebrett, 1 Baumwolltuch, 1 Gummiband, 1 großer flacher Teller, 1 kleine Teigrolle, 1 kleine Schüssel, verschließbares Gefäß, Zeichenpapier, Bleistift, Schere, Pinsel, Malventee, schwarzer Tonkarton, Kleber, evtl. Vorlagen (s. S. 52)

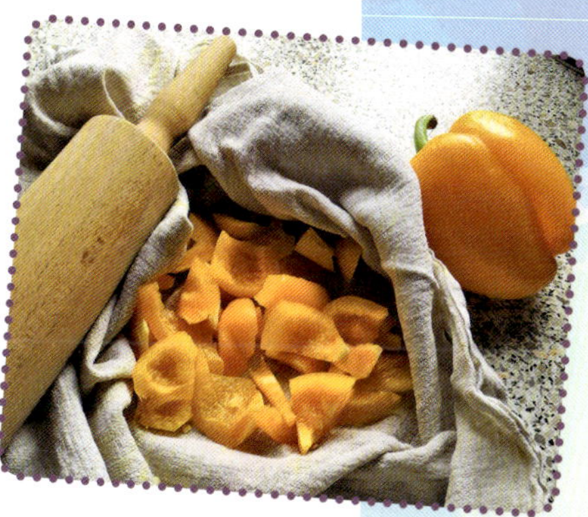

**Anleitung:**
Zunächst entfernt die Lehrkraft den Stiel und die Samen. Dann schneiden die Schüler die gelbe Paprika in kleine Stücke und legen diese in die Mitte eines Baumwolltuches. Dann fassen sie die vier Ecken des Tuches zusammen und schlingen zum Fixieren ein Gummiband um das Ende herum. Das entstandene Säckchen wird möglichst flach auf einen Teller gelegt. Die Schüler walzen mit der Teigrolle unter kräftigem Druck über das Baumwolltuch, sodass die Paprikastücke platt gewalzt werden und der Pflanzensaft austritt. Dann pressen sie das Tuch mit dem Paprikabrei fest mit den Händen aus und fangen den gelben Pflanzensaft in einer Schüssel auf. Der Pflanzensaft wird in einem verschließbaren Gefäß aufbewahrt.

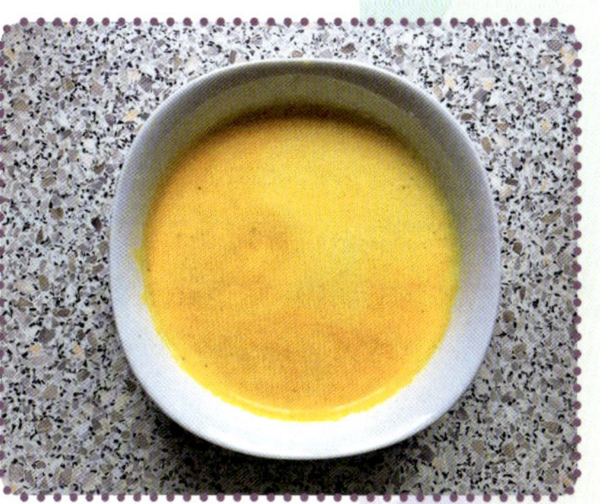

**Experiment:**
Die Schüler zeichnen mit Bleistift Dinosaurier auf Zeichenpapier. Die Dinosaurier werden mit gelber Paprikafarbe bestrichen. Dann streuen die Schüler einige Krümel Malventee entlang der Rückenlinie der Dinosaurier auf die nasse Pflanzenfarbe. Die Teekrümel „blühen" in der Flüssigkeit auf, geben ihre Farbe ab und bilden ein interessantes Farbmuster. Dann werden die Dinosaurier ausgeschnitten und auf schwarzen Tonkarton geklebt.

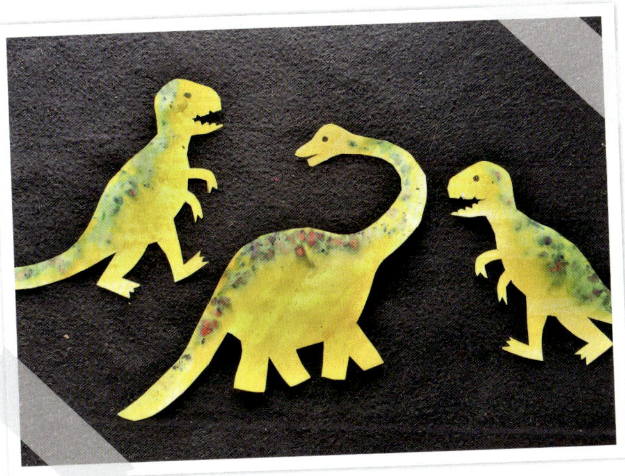

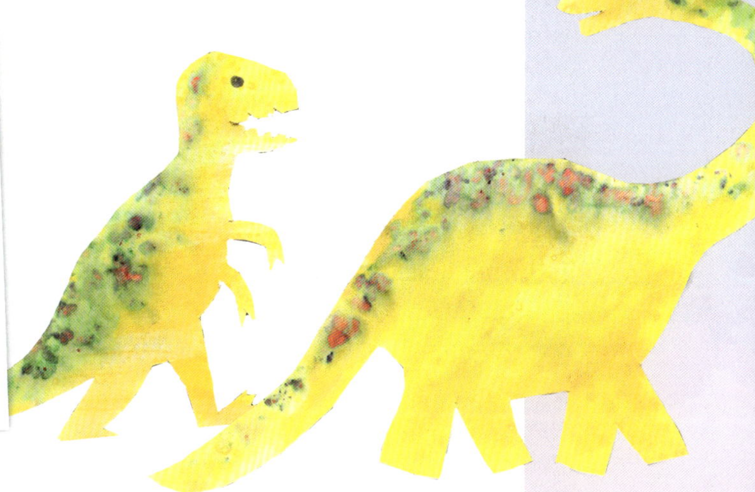

# Orange aus Karotten

Karotten sind auch bekannt unter Namen wie „Möhre", „Gelbe Rübe", „Rüebli" oder „Wurzel". Sie enthalten viele Vitamine und Nährstoffe. Der hohe Gehalt an Beta-Carotin ist für die typische orange-gelbe Färbung verantwortlich.

**Färberpflanze:**
je Kind 1 Karotte

**Hilfsmittel:**
Gummihandschuhe, 1 Sieb, 1 Schüssel, 1 Küchenreibe, 1 Löffel, verschließbares Gefäß, Spülmittel, Becher, Trinkhalm (z. B. aus Papier, Bambus oder Stahl), Zeichenblätter, Bleistifte, Schere, Kleber, Papierreste, Wackelaugen, Filz, roter Tonkarton, evtl. Vorlagen (s. S. 52)

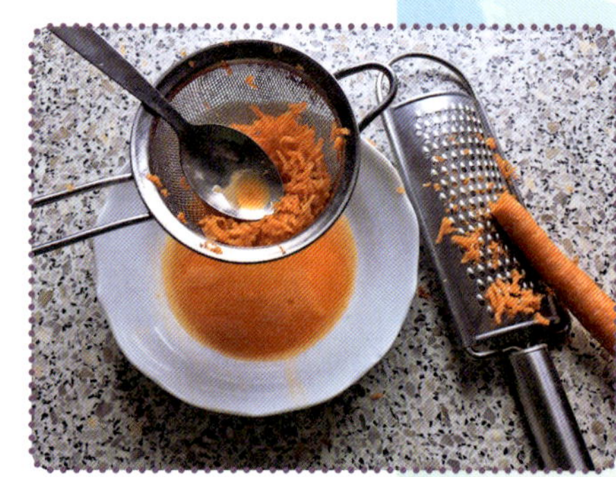

**Anleitung:**
Die Schüler legen das Sieb über die Schüssel und raspeln die Karotten mit einer feinen Küchenreibe in das Sieb. Mit einem Löffel pressen sie den Pflanzenbrei so lange aus, bis möglichst viel Flüssigkeit herausgequetscht wurde. Die orangefarbene Pflanzenfarbe wird in ein verschließbares Gefäß gefüllt und im Kühlschrank aufbewahrt.

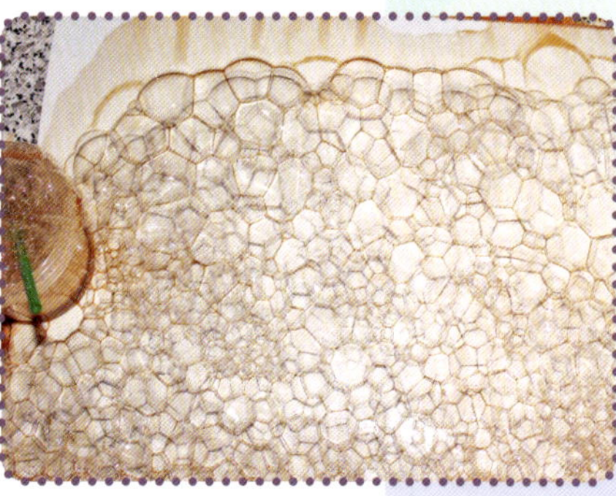

**Experiment:**
Eine kreative Zeichentechnik mit Hilfe von Seifenblasen und Pflanzenfarbe ist für Kinder eine spannende Aktion. Dazu füllt man etwas Spülmittel zusammen mit der Pflanzenfarbe in einen Becher und verrührt das Ganze. Durch einen Trinkhalm pusten die Schüler so lange in die Flüssigkeit, bis die entstandenen Blasen über den Rand des Bechers quellen. Auf einem Zeichenblatt unter dem Becher fängt man die Blasen auf und lässt sie auf dem Papier trocknen. Auf dem entstandenen Musterpapier zeichnen die Schüler Schlangen, Krokodile oder andere Tiere auf und schneiden diese aus. Die Tiere werden auf roten Tonkarton geklebt. Hier erhalten sie noch Wackelaugen sowie Zähne, eine Zunge oder Ähnliches aus Papierresten oder Filz.

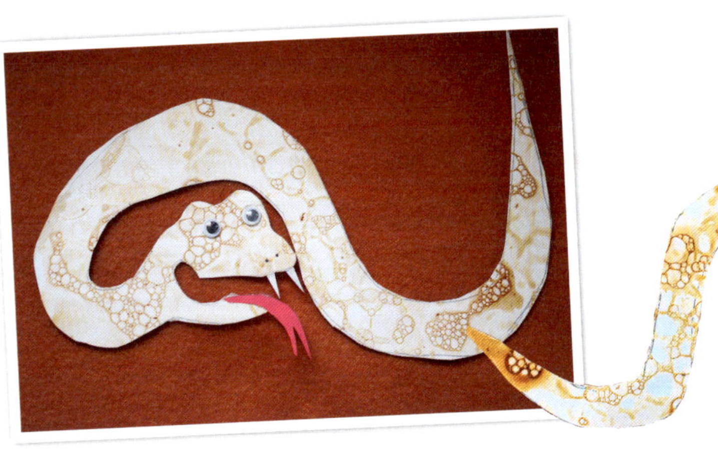

# Orange aus Kürbis

Vom Sommer bis zum Herbst gibt es bei uns eine große Auswahl an verschiedenen Kürbisgewächsen. Neben Gurke, Zucchini und Melone gehört auch der Gartenkürbis dazu. Es existieren viele Sorten in verschiedenen Farben, Formen und Geschmacksrichtungen.

**Färberpflanze:**
je Kind ¼ Zier- oder Speisekürbis

**Hilfsmittel:**
Gummihandschuhe, 1 Messer, 1 großes Schneidebrett, 1 Küchenreibe, 1 Schüssel, 1 Mullwindel oder Baumwolltuch, etwas Wasser, verschließbares Glas, Zeichenblatt, Pinsel, Papierreste in Weiß, Gelb, Schwarz und Rot, Locher, 1 schwarzer Filzstift, einige Krümel Kürbisschale, Schere, Klebstoff, Knöpfe

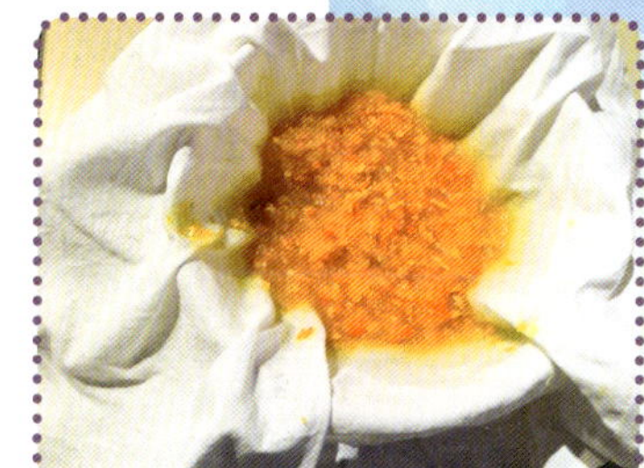

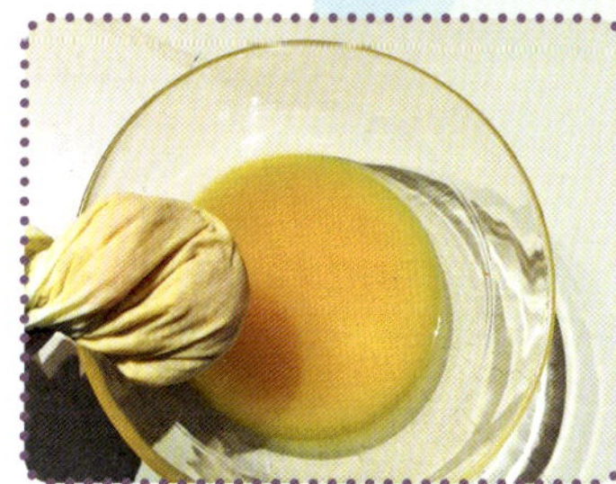

**Anleitung:**
Ein Kürbis wird in mehrere Spalten zerteilt. Dies sollte ein Erwachsener übernehmen. Dann reiben die Kinder die Spalten vorsichtig auf einer Küchenreibe. Ein Baumwolltuch wird über eine Schüssel gelegt und das Fruchtfleisch hineingefüllt. Dann geben die Schüler etwas Wasser hinzu, fassen die vier Enden des Tuches zusammen und wringen den Pflanzenbrei so lange aus, bis möglichst viel Flüssigkeit herausgequetscht wurde. Den Pflanzensaft füllt man in ein verschließbares Glas.
**Tipp:** Bei Kürbissen mit grüner Schale sollte man nur das Fruchtfleisch raspeln, um die Farbe nicht zu verfälschen. Bei orangefarbenen Kürbissen kann die Schale mit gerieben werden. Etwas Schale wird für das Experiment benötigt.

**Experiment 1:**
Die Kinder tupfen mit einem Pinsel einige Farbtupfer Kürbisfarbe auf das Zeichenblatt und lassen die Farbe trocknen. In den Farbflecken lassen sich mit etwas Fantasie lustige Gesichter erkennen, die mit ein paar Details ergänzt werden. Als Augen stanzen die Kinder aus weißem Papier Locherpunkte aus. Ein kleines Dreieck als Nase und ein roter Mund werden aus Tonpapierresten ausgeschnitten und aufgeklebt. Zum Schluss malen die Kinder die Pupillen mit schwarzem Filzstift auf.

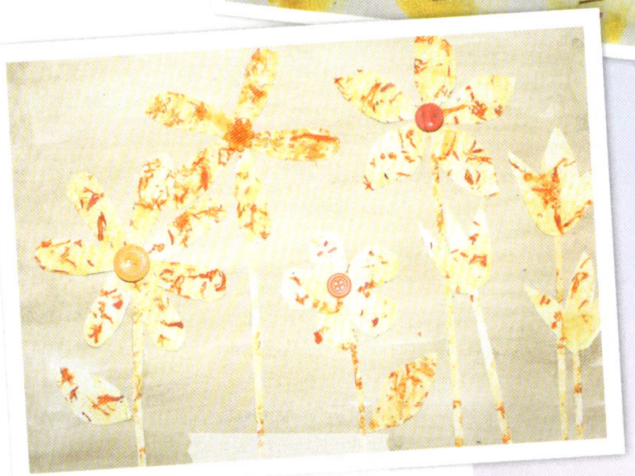

**Experiment 2:**
Ein interessantes Musterpapier entsteht, wenn man auf die feuchte Kürbisfarbe einige Krümel Kürbisschale raspelt. Die Kinder lassen das Musterpapier trocknen und gestalten daraus hübsche Blumenbilder. Dazu schneidet man einige ovale oder längliche Blütenblätter aus und klebt sie als Blüte angeordnet auf. In die Blütenmitte klebt man einen farbigen Knopf. Ein langer schmaler Musterpapierstreifen wird als Stängel an die Blüte geklebt.

# Violett aus Rotkraut (1)

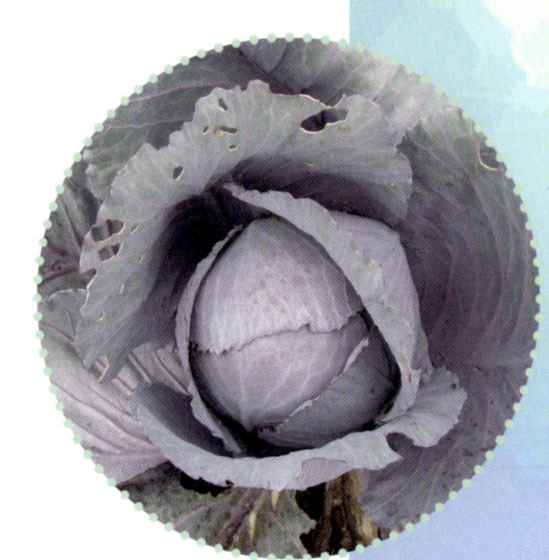

Manche nennen ihn Rotkraut, in anderen Gegenden heißt er Blaukraut. Je nach Bodenbeschaffenheit variiert die Farbe des Kohlkopfes zwischen blauviolett und rotviolett. Auch durch unterschiedliche Zubereitung beim Kochen, zum Beispiel durch Zugabe säurehaltiger Äpfel oder von einem Schuss Essig, färbt sich der Kohl kräftig rot, unter Beigabe von etwas Natron geht die Farbe ins Blauviolett.

**Basisch oder sauer?**

Zahlreiche Stoffe in unserer Nahrung oder unserem Alltag sind säurehaltig – einige mehr, andere weniger. Das Gegenteil von sauer heißt in der Chemie „basisch". Wie stark eine Säure oder Base ist, kann man mit Hilfe des pH-Wertes messen. Die Abkürzung pH geht auf den lateinischen Ausdruck „potentia Hydrogenii" zurück, was übersetzt „Konzentration des Wasserstoffs" bedeutet. Die Skala des pH-Wertes reicht von 0 (sehr sauer) bis 14 (sehr basisch).
Der pH-Wert von Wasser ist 7. Man nennt diesen mittleren Wert auch „neutral". Den pH-Wert kann man unter anderem mit einem Teststreifen messen. Je nach Färbung des Teststreifens lässt sich anhand einer Farbskala erkennen, ob ein saurer oder ein basischer pH-Wert vorliegt.
Auch Rotkraut kann als sogenannter Indikator eingesetzt werden und dank seiner Farbsubstanzen den pH-Wert sichtbar machen. In neutralem Wasser bleibt der Rotkrautsaft blau-violett. Gibt man eine Säure (Essig, Zitronensaft) hinzu, verfärbt sich der Saft rot. Wird eine Lauge (Natron, Backpulver) dazugegeben, wird die Flüssigkeit blau, bei hoher Konzentration sogar grün.

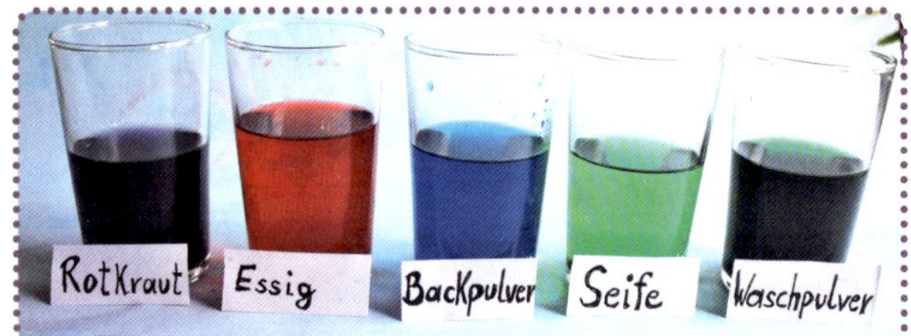


**Färberpflanze:**

je Kind ¼ Kopf Rotkraut, gegebenenfalls Rotkraut im Glas

**Hilfsmittel:**

1 Schneidebrett, 1 scharfes Messer, 1 flacher Teller, Gummihandschuhe, Schutzkleidung, etwas Wasser, 1 Teigrolle, 1 Küchensieb, 1 Messbecher, 1 Schüssel, 1 weißes Baumwolltuch oder 1 weiße Mullwindel, verschließbares Gefäß, 6 Gläser, 1 Pipette, Spülmittel, Essig, Zitronensaft, Backpulver, Seife, Waschpulver, Rührstäbchen, dünner Haarpinsel oder Schreibfeder, breiter Borstenpinsel, weißes Zeichenpapier, Becher

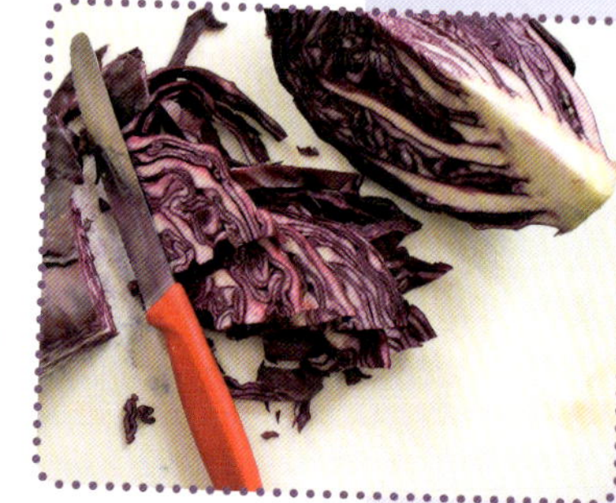

**Anleitung:**

Rotkrautsaft hat eine starke Färbewirkung. Um Hautfärbungen und Flecken auf der Kleidung zu vermeiden, ist es ratsam, beim Arbeiten Gummihandschuhe und Schutzkleidung zu tragen.

# Violett aus Rotkraut (2)

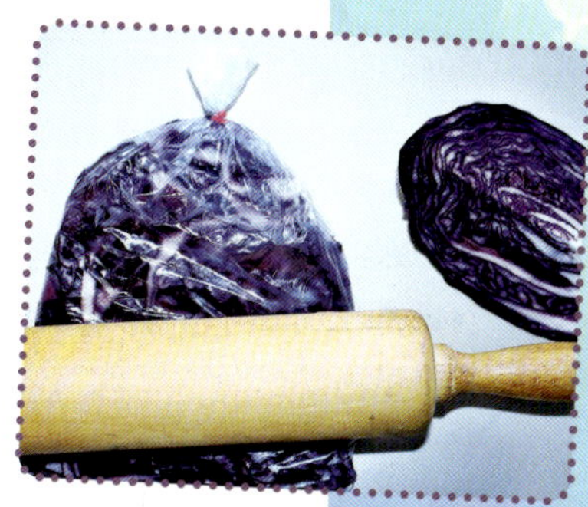

Die Schüler schneiden das Kohlkopfstück in schmale Streifen. Der harte Strunk wird herausgeschnitten. Bei jüngeren Schülern übernimmt dies die Lehrkraft. Die Pflanzenteile werden auf ein Baumwolltuch gelegt und mit etwas Wasser übergossen. Die vier Ecken des Tuches fasst man zusammen wie ein Säckchen und legt das Ganze auf einen flachen Teller. Nun walzen die Kinder mit einer Teigrolle über das Säckchen, bis der Saft aus den Pflanzenteilen austritt. Die Schüler fassen die vier Ecken des Tuches und wringen den Pflanzenbrei aus.

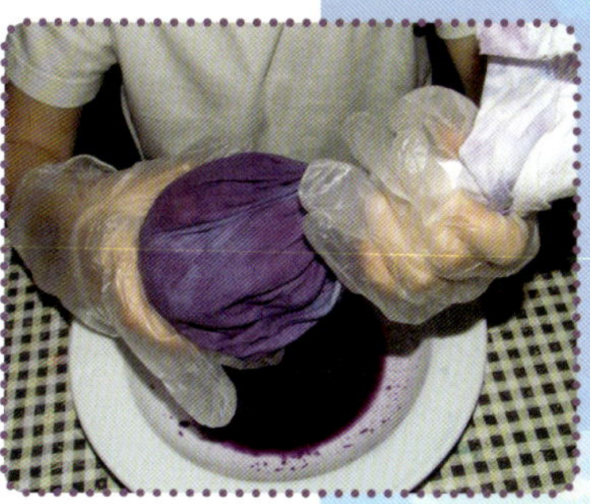

Gießt man etwas Wasser darüber, wird noch mehr violette Pflanzenfarbe aus den Rotkrautteilen ausgelöst. Die austretende Farbe wird im Messbecher aufgefangen. Einen Teil der Farbe füllt man zum Malen in ein verschließbares Gefäß, die restliche Farbe wird zum Experimentieren weiterverwendet.

**Experiment 1:**

Die Schüler füllen 6 Gläser je zur Hälfte mit Wasser. Mit Hilfe einer Pipette wird nun in das erste Glas etwas Rotkrautsaft gegeben, in das zweite werden einige Spritzer Spülmittel, in das dritte wird etwas Essig gefüllt. Backpulver, Seife und Waschpulver werden in die übrigen Gläser eingerührt. Die Schüler beobachten, wie sich die Farbe der einzelnen Lösungen verändert. Besprechen Sie mit den Kindern, was hier passiert, und geben Sie ihnen den Informationstext. Die Schüler erkennen dann, welche Substanzen sauer, welche basisch sind.

**Experiment 2:**

Die Schüler tauchen einen feinen Pinsel oder eine Schreibfeder in Zitronensaft und schreiben eine geheime Botschaft auf weißes Papier. Nach dem Trocknen ist die Schrift unsichtbar. Die Schüler tauschen ihre Briefe untereinander aus. Nun bestreicht jeder sein Briefpapier mit Hilfe eines breiten Pinsels mit Rotkrautsaft. Die geheime Schrift wird sichtbar. Die Pinsel bzw. die Schreibfedern werden gründlich ausgewaschen.

Dann streicht man mit einem nassen Pinsel über eine Seife und schreibt auf ein neues Blatt Papier eine Botschaft. Wenn sie getrocknet ist, wird das Blatt mit Rotkrautsaft überstrichen und die geheime Botschaft erscheint in Grün.

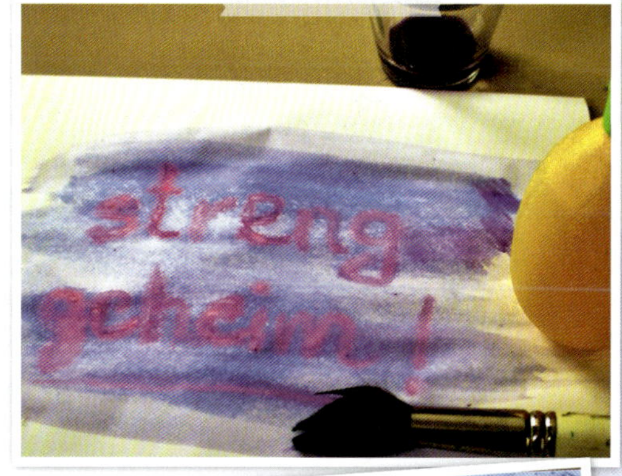


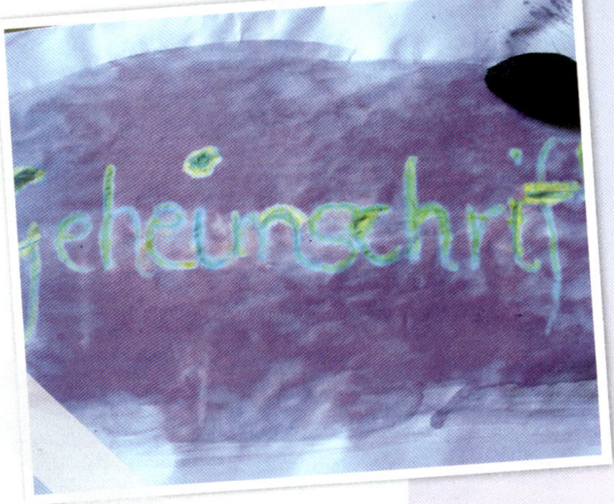

# Violett aus Brombeeren

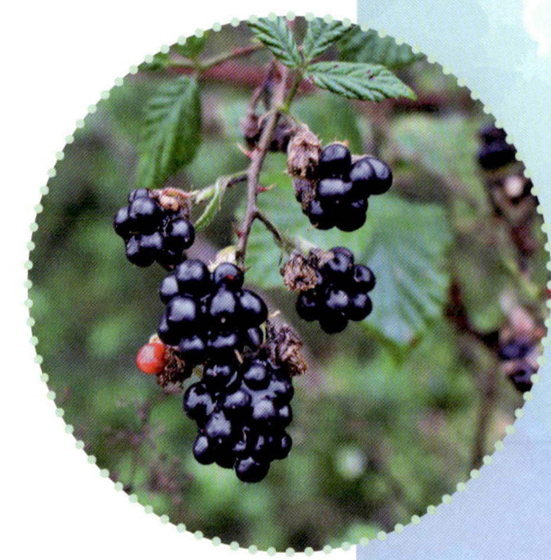

Brombeeren wachsen an stacheligen Sträuchern, meist an Waldrändern, im Unterholz und auf brachliegenden Flächen. Viele Menschen pflanzen Brombeersträucher auch in ihrem Garten. Einige Arten wurden so kultiviert, dass sie keine Stacheln haben. Die blau-schwarzen Früchte reifen im Sommer an den bis zu 3 m hohen Sträuchern und sind reich an Vitaminen.

**Färberpflanze:**
je Kind 10 – 15 reife Brombeeren

**Hilfsmittel:**
Gummihandschuhe, 1 Schüssel, 1 feines Sieb, 1 Löffel oder Stößel, kleines verschließbares Glas, 1 tiefer Teller, 1 Gabel oder Schneebesen, 1 Teelöffel, 2 kleine Schüsseln oder Tassen, 2 Eier, 1 Esslöffel, Puderzucker, Backpapier, Backblech, Backofen oder Tischgrill

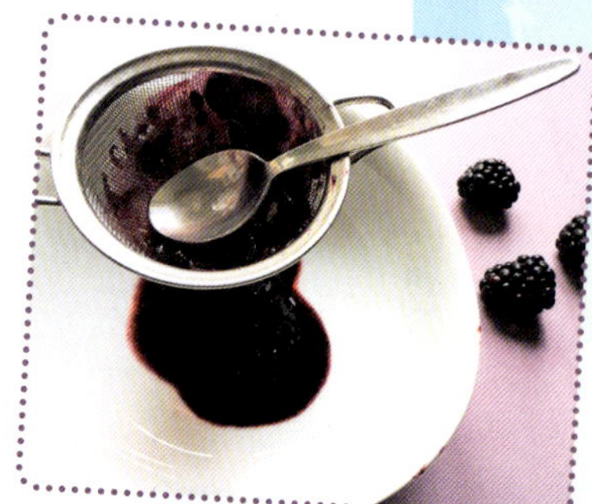

**Anleitung:**
Die Beeren werden mit einem Stößel oder mit einem Löffel in einem feinen Sieb über der Schüssel zerstampft, sodass der Fruchtsaft austritt. Dieser wird durch das Sieb gepresst und in einem verschließbaren Glas aufbewahrt.

**Experiment:**
In der Lebensmittelindustrie werden zahlreiche Produkte mit Pflanzenfarben gefärbt. Mit Brombeersaft können das auch die Schüler machen. Er eignet sich besonders gut dazu, da er nicht nur Farbe, sondern auch einen fruchtigen Geschmack verleiht. Die Schüler stellen kleine Baiserbonbons her. Dazu trennen sie zwei Eier und verquirlen zwei Eiweiß mit Hilfe einer Gabel oder eines Schneebesens in einem tiefen Teller. Wenn daraus fester Eischnee geworden ist, gibt man zwei Esslöffel Puderzucker und 2 Esslöffel Brombeersaft dazu und verrührt alles zu einer cremigen Masse. Mit einem Teelöffel setzt man kleine Häufchen der Baisermasse auf Backpapier und lässt diese im Backofen bei 130 °C ca. 15 Minuten trocknen. Nach dem Erkalten werden die Baiserbonbons vorsichtig vom Backpapier abgehoben und auf einem Teller oder einer Platte serviert.

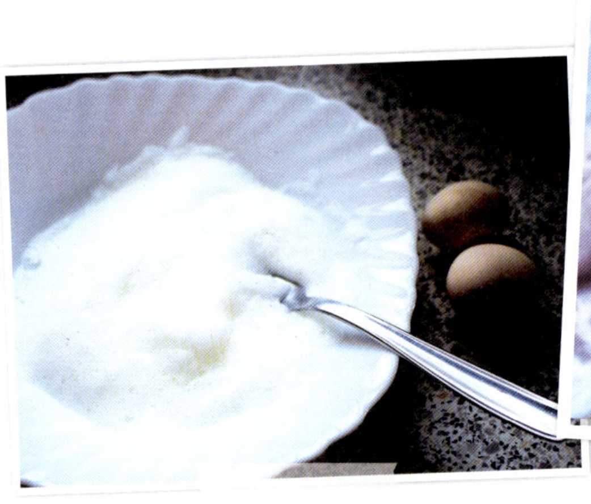

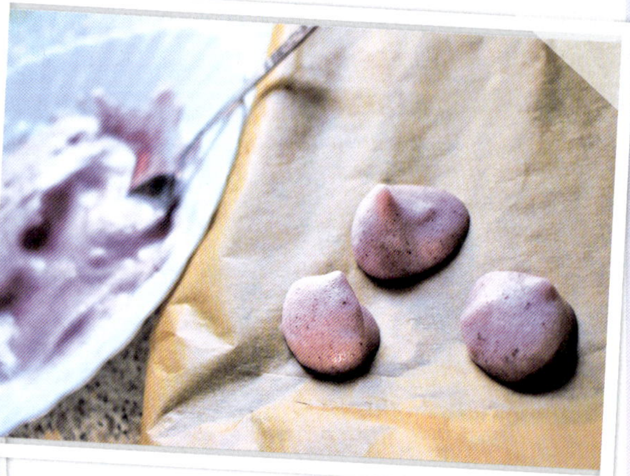

# Violett aus Holunderbeeren

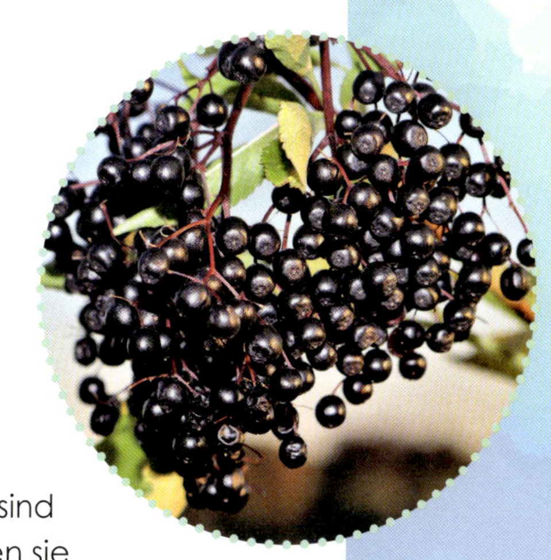

Holundersträucher sind bei uns sehr verbreitet. Sie wachsen wild an Waldrändern und Wiesen, aber auch kultiviert in unseren Gärten. Schon seit alters her sind die Sträucher sagenumwoben. Germanische Familien glaubten, dass die Göttin Freya darin wohne oder man die Göttin Holla unter dem Busch um eine gute Ernte bitten könne. Auch im Märchen „Frau Holle" von den Brüdern Grimm findet sich der Name des Hollerstrauches wieder. Die schwarzen Beeren des Strauches reifen im Spätsommer. Roh sind die Früchte nicht genießbar. Als Sirup, Marmelade oder Tee wirken sie gegen Erkältungskrankheiten und als Vitaminspender.

**Färberpflanze:**
je Kind mehrere Dolden Holunderbeeren

**Hilfsmittel:**
Gummihandschuhe, 1 Gabel, 1 Schüssel, 1 Kartoffelstampfer, 1 Sieb, verschließbares Glas, 200 g Beeren, 150 g Zucker, Wasser, 1 Kochtopf, Herd

**Anleitung:**
Zuerst werden die reifen Beeren mit Hilfe einer Gabel von den Dolden abgestreift und in eine Schüssel gefüllt. Dort zerdrückt man sie mit einem Kartoffelstampfer, sodass der dunkelrote Pflanzensaft austritt. Dieser wird durch ein Sieb gegossen, um alle festen Bestandteile herauszufiltern. Die Pflanzenfarbe füllt man in ein verschließbares Glas.

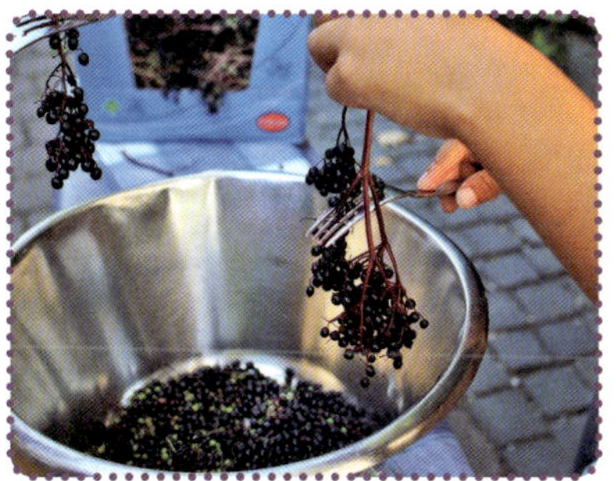

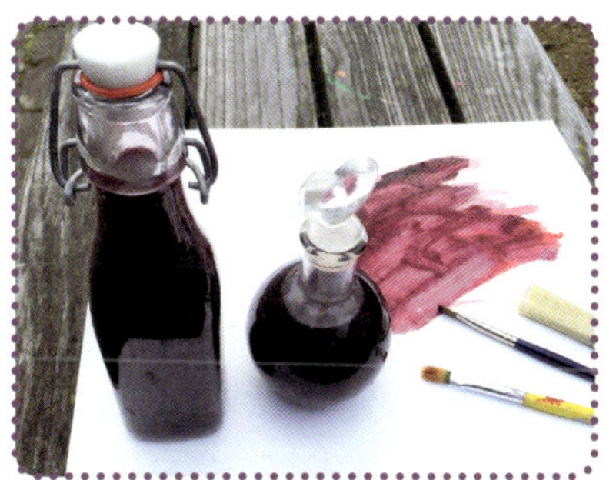

**Tipp:** Wenn die Schüler viele Holunderbeeren geerntet haben, kann man außer Pflanzenfarbe auch Holundersirup daraus machen. 200 g Beeren werden mit 150 g Zucker bestreut und ca. 15 Minuten gekocht. Danach füllt man den Sirup in Flaschen. Mit Wasser oder Sprudel aufgefüllt, erhält man eine gesunde und leckere Limonade.
Mit der Holunderbeerenfarbe können interessante Experimente durchgeführt werden (s. „Experimente mit Pflanzenfarben" S. 6).

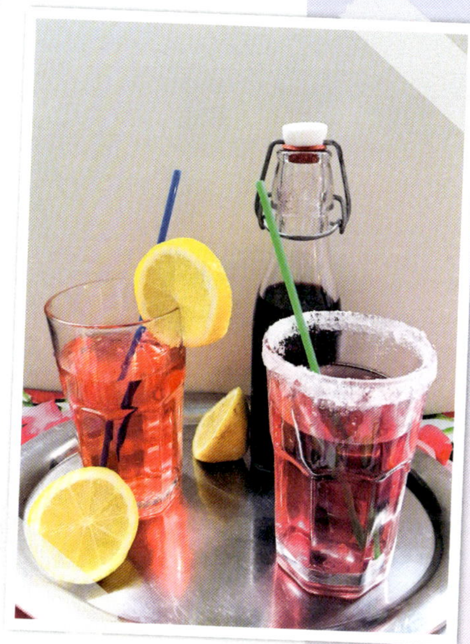

# Braun aus schwarzem Tee

Teesträucher wachsen vor allem in den warmen Ländern Asiens, in Afrika und der Türkei. Die Menschen dort ernten fast das ganze Jahr über Blätter und Blüten, lassen sie welken und rollen, fermentieren, trocknen und sieben diese. Der schwarze Tee wird in viele Länder der Welt verkauft. Die Pflanzenteile des Teestrauches enthalten Gerbstoffe, die die goldbraune Farbe hervorbringen.

**Färberpflanze:**
je Kind 5 – 6 Teelöffel losen, schwarzen Tee oder 6 Teebeutel

**Hilfsmittel:**
Gummihandschuhe, 1 kleine Schüssel, 1 Wasserkocher, 2 große Tassen Wasser, 1 Teesieb / feines Küchensieb oder Filtertüte, 1 Löffel, verschließbares Gefäß, Zeichenpapier, Salz, Malventee

**Anleitung:**
In einem Wasserkocher erhitzen die Schüler zwei Tassen Wasser und gießen es zusammen mit 6 Löffeln schwarzem Tee in eine Schüssel. Den Sud lässt man 10 Minuten ziehen und gießt den starken Tee dann durch ein Sieb.
Die rotbraune Farbe wird in einem verschließbaren Gefäß aufbewahrt.
**Tipp:** Mit der Teefarbe können die Schüler verschiedene Landschaftsbilder malen. Die Farbe wird intensiver und dunkler, wenn man sie mehrmals übermalt.

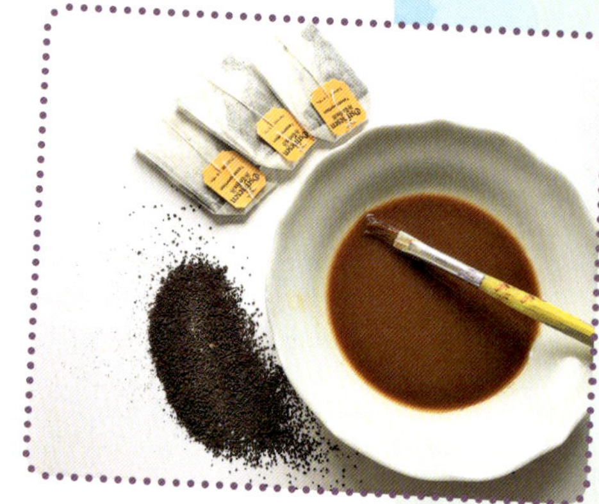

**Experiment:**
Die Schüler vermalen rotbraune Teefarbe auf einem weißen Zeichenpapier. Auf die nasse Farbfläche streuen sie seitlich einige Krümel schwarzen Tee, in die Mitte einige Salzkörner und auf die andere Seite einige Krümel Malventee. Die Schüler beobachten, wie die Teekrümel Farbflecken auf dem Papier hinterlassen. Das Salz saugt die Flüssigkeit an und hinterlässt einen Kristalleffekt.

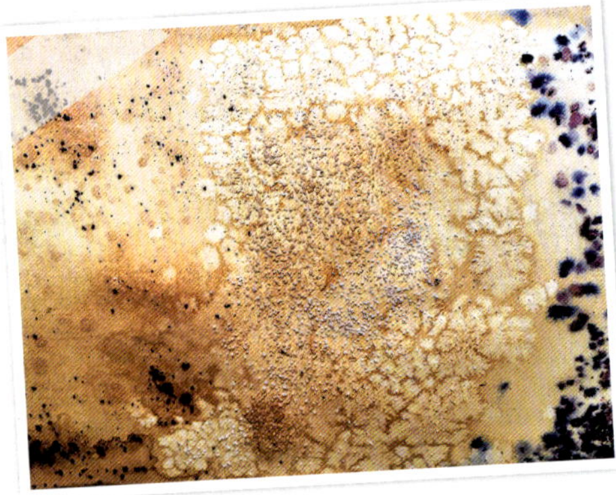

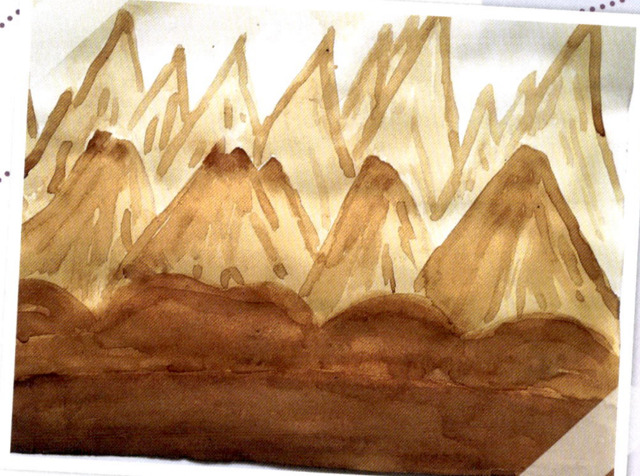

# Malen mit Pflanzenfarben

**Arbeitszeit:**

2 Unterrichtsstunden

**Material:**

Pflanzenfarben, je Farbe 1 Pinsel, Zeichen- oder Aquarellpapier, Holzbrett oder Karton, evtl. Landschaftsbilder oder Blumenmuster

**Lernziele:**

- Kennenlernen einer neuen Verwendung von Pflanzen
- beim Malen mit Pflanzenfarben experimentieren (mischen, verdicken, verändern usw.)
- Erfahrungen sammeln im Umgang mit wässrigen Farben
- Technik des Aquarellierens ausprobieren
- Förderung der Kreativität durch Entwickeln eines Blumenarrangements
- Helligkeitsstufen durch mehrmaliges Übermalen ausprobieren
- Förderung der Raumwahrnehmung
- Räumliches in Fläche umsetzen (Landschaften)

**Anleitung:**

Auf Zeichen- oder Aquarellpapier werden Blumenarrangements oder Landschaftsbilder gestaltet. Hierfür können Sie evtl. Landschaftsbilder oder Blumenmuster als Anregungen bereitlegen. Das Malpapier wird auf eine feste Unterlage, zum Beispiel einen Karton oder ein Holzbrett, gelegt. So kann man das noch nasse Kunstwerk zum Trocknen bis zur Fensterbank transportieren, ohne dass die Farben ineinander laufen. Um die einzelnen Farben nicht zu verfälschen, empfiehlt es sich, für jede Farbe einen eigenen Pinsel zu benutzen. Beim ersten Auftragen erscheinen die Pflanzenfarben recht hell. Wird ein kräftigerer Farbton gewünscht, übermalt man das Objekt nach dem Antrocknen noch einmal. Auf diese Weise können einzelne Linien hervorgehoben werden, zum Beispiel die Umrisse von Blüten, während die Innenfläche hell bleibt. Bei Landschaftsbildern kann durch kräftigere bzw. blassere Farbe eine räumliche Wirkung dargestellt werden.

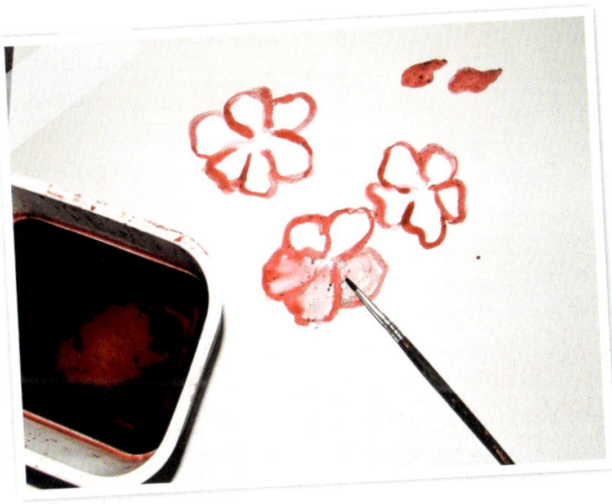

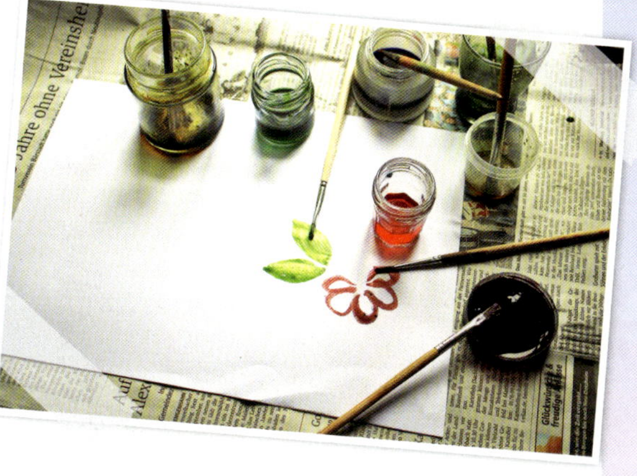

# Butterbrottüten (1)

**Arbeitszeit:**

1 – 2 Unterrichtsstunden

**Material:**

weiße Butterbrottüten, Pflanzenfarben, je Farbe 1 Pinsel, Motivstanzer, Schere oder Zackenschere, Wachsmalstifte oder weiche Schminkstifte, Borsten- oder Naturpinsel, Nagellack, weißer Bastelkleber, evtl. Geschenk, Süßigkeiten oder Blümchen, farbiges Schleifenband, kleines Glas, elektrisches Teelicht

**Lernziele:**

- Förderung der Fantasie durch Ausdenken eines geeigneten, formatfüllenden Musters
- Förderung der motorischen Fähigkeiten beim Ausstanzen von Motiven
- Gestalten eines farbenfrohen Gebrauchsgegenstandes
- Förderung der Feinmotorik durch Schneiden von Wellen- oder Zackenlinien
- Binden einer Geschenkschleife

**Anleitung:**

Butterbrottüten aus weißem Papier lassen sich gut bemalen und die Pflanzenfarben leuchten darauf. Mit bunten Zickzackmustern, Pünktchen, Blumen und anderen Mustern können die Kinder die Tüten mit verschiedenen Pflanzenfarben verzieren. Man kann mit Hilfe von Motivstanzern auch Lochmuster in die Papiertüten stanzen und die Ränder der Lochmuster mit Pflanzenfarbe bemalen. Der obere Rand der Butterbrottüten wird mit einer Schere in Wellen- oder Zackenlinien geschnitten.

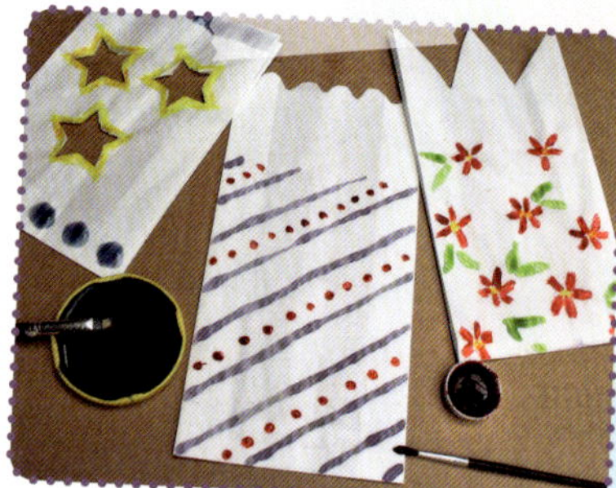

Nutzt man einen **Wachsmalstift** oder weichen **Schminkstift** zum Zeichnen, kann die Farbe anschließend mit einem breiten Borsten-pinsel oder mit einem selbstgemachten Naturpinsel (s. S. 4) darüber aufgetragen werden. Die vorgezeichneten Linien bleiben dann frei von Pflanzenfarbe.

In ähnlicher Weise können Motive mit **Nagellack** gestaltet und anschließend mit Pflanzenfarbe übermalt werden. Um das Einatmen von eventuell schädlichen Zusatzstoffen zu vermeiden, ist es ratsam, an der frischen Luft zu arbeiten oder in einem gut belüfteten Raum.

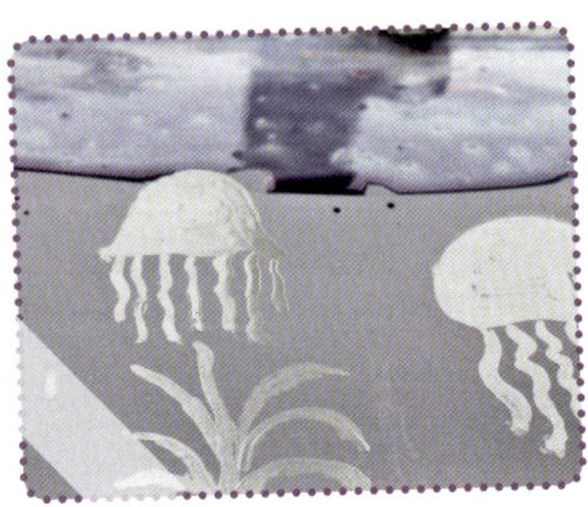

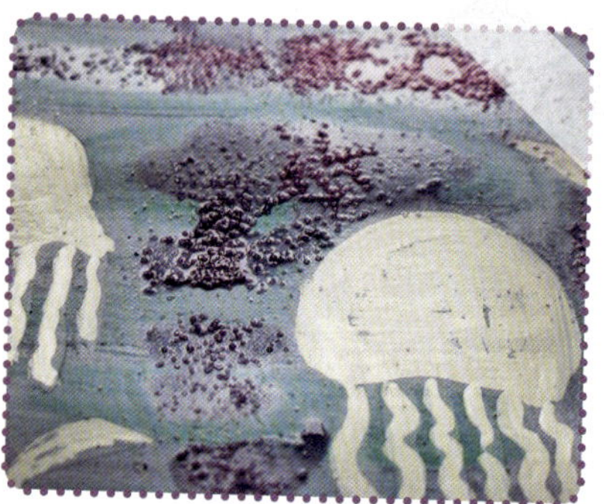

# Butterbrottüten (2)

Auch mit Hilfe von **weißem Bastelkleber** können die einzelnen Farbflächen auf einem Bild abgegrenzt werden. Durch die dünne Düse am Deckel der Kleberflasche „malen“ die Kinder die gewünschte Form vor. Nach dem Trocknen der weißen Umrisslinien können die Innenflächen mit Pflanzenfarbe ausgemalt werden.

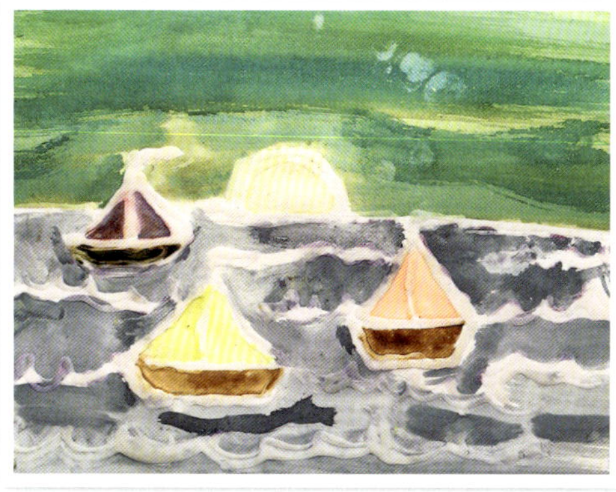

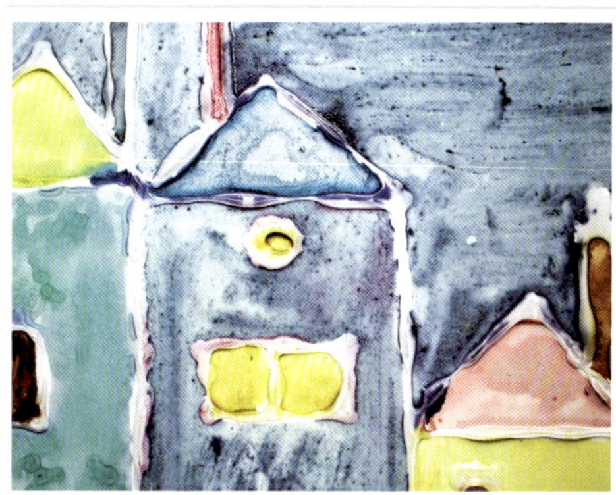

**Kreatividee 1:**
Steckt man ein kleines Geschenk, Blümchen oder einige Süßigkeiten in die bemalte Papiertüte, kann sie als Geschenkpapiertüte dienen. Zum Verschließen binden die Kinder eine farblich passende Schleife um die Papiertüte.

**Kreatividee 2:**
Die bemalten Tüten können auch als Windlicht genutzt werden. Dazu stellt man ein kleines Glas mit einem elektrischen Teelicht in die bemalte Tüte. Es verbreitet ein stimmungsvolles Licht.

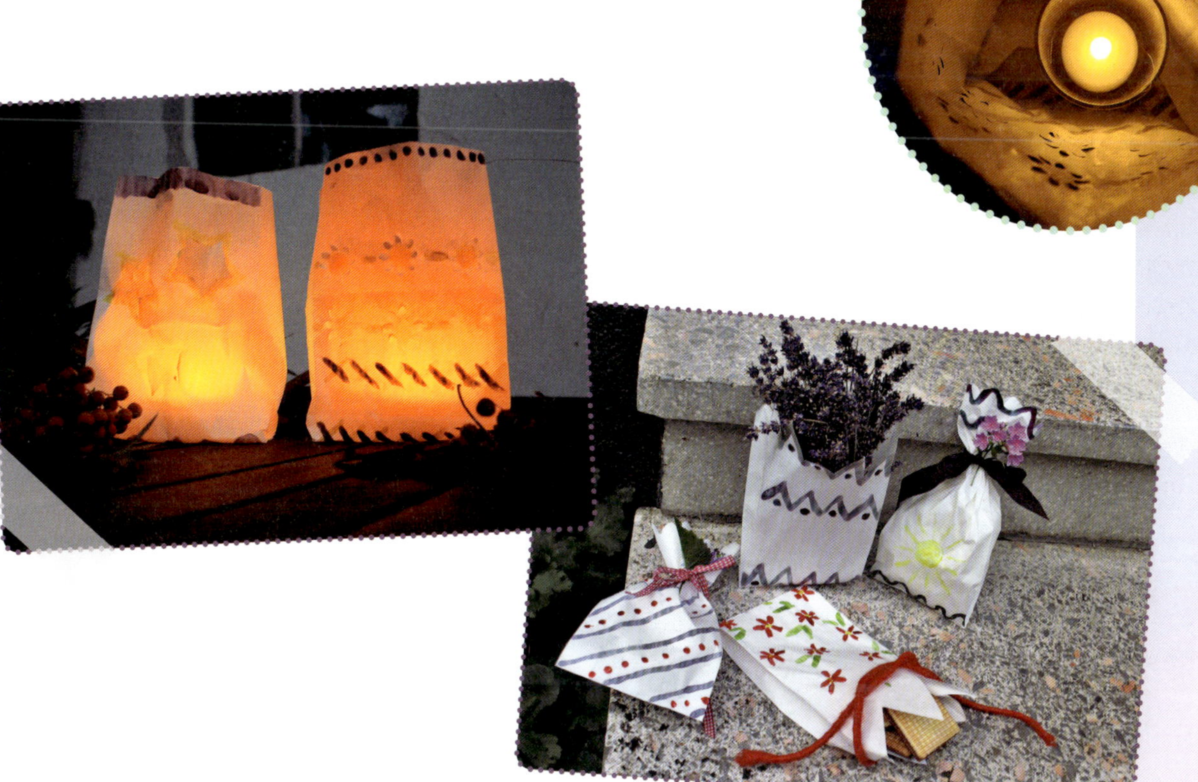

# Frottage

Als Frottage bezeichnet man die künstlerische Technik, bei der die Oberflächenstruktur von Gegenständen oder Naturobjekten auf Papier übertragen wird. Mit Hilfe von Wachsmalstiften können die Kinder Frottagen von Laubblättern herstellen.

**Arbeitszeit:**
2 Unterrichtsstunden

**Material:**
verschiedene Laubblätter, Zeichenblätter, Wachsmalstifte, Pflanzenfarben, je Farbe 1 Pinsel, Bastelschere, Schnur, kleine Wäscheklammern, evtl. Katalog / Telefonbuch

**Lernziele:**

- Kennenlernen der künstlerischen Technik „Frottage“
- Erkennen und Benennen von unterschiedlichen Laubblättern
- Blattformen und Aderungen differenziert wahrnehmen
- Schulung der motorischen Fähigkeiten beim Rubbeln mit Wachsmalstiften und gleichzeitigem Fixieren des Blattes mit der anderen Hand
- Förderung der Feinmotorik durch exaktes Ausschneiden der Blätter
- Gestalten einer saisonalen Fensterdekoration

**Anleitung:**
Bei einem Spaziergang sammeln die Kinder Laubblätter von verschiedenen Bäumen. Diese werden einzeln unter ein Zeichenblatt gelegt. Mit verschiedenen farbigen Wachsmalstiften rubbeln die Kinder über das Zeichenpapier, sodass sich die Blattadern und Konturen des Laubblattes abbilden. Dann schneiden die Kinder die Blätter aus und übermalen die Papierfläche im Anschluss mit Pflanzenfarbe. Nach dem Trocknen werden die Blätter mit Hilfe von kleinen Wäscheklammern an einer Schnur vor dem Fenster aufgehängt.
**Tipp:** Wenn sich das Papier durch die Feuchtigkeit zu sehr gewellt hat, legt man es in einen dicken Katalog oder ein altes Telefonbuch. Schon nach kurzer Zeit ist das Blatt wieder flach.

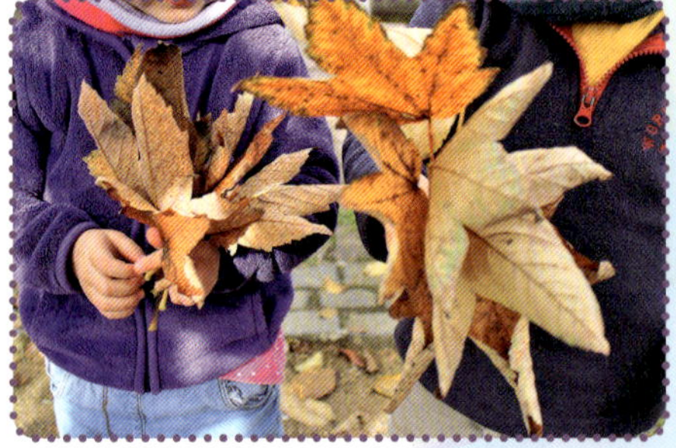

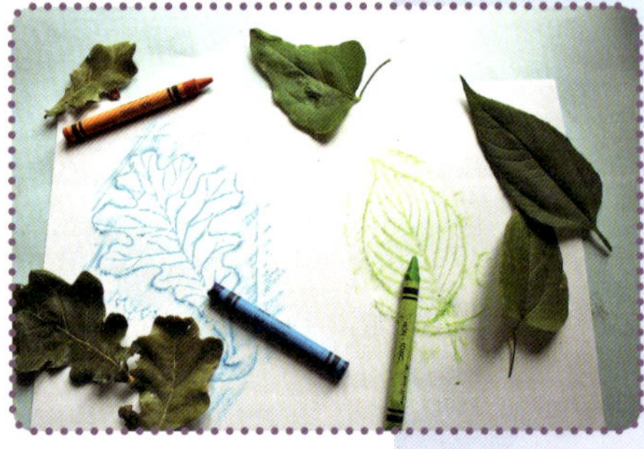

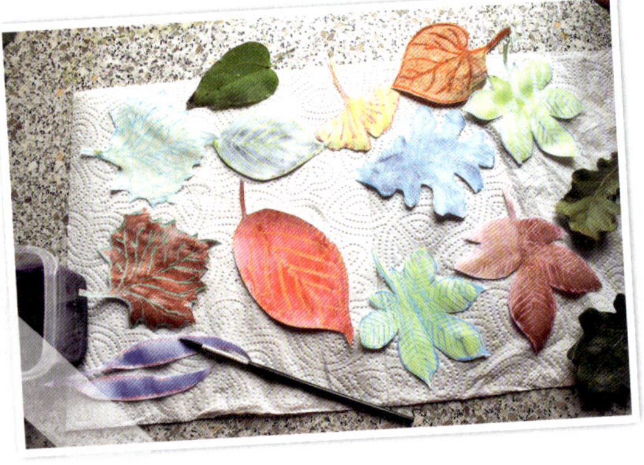

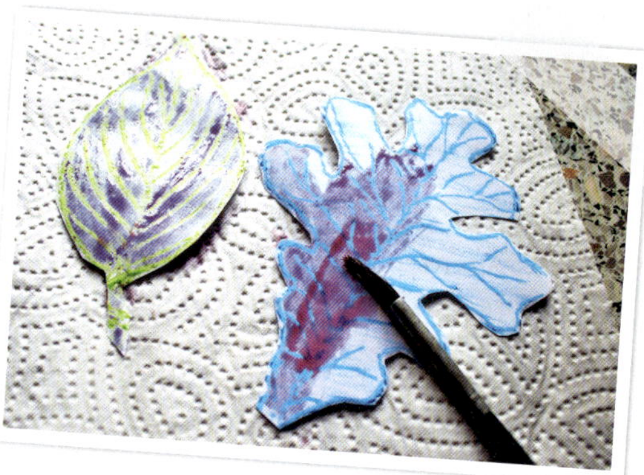

# Action Painting (1)

Action Painting ist eine Kunstrichtung des Expressionismus. Bei dieser Maltechnik wird die Farbe direkt aus dem Farbtopf auf den flach liegenden Malgrund getropft oder gespritzt. Dabei wird die ganze Körperbewegung des Künstlers mit einbezogen. Besonders bekannt sind die Bilder von Jackson Pollock. Der Künstler tröpfelte und spritzte die Farben von allen Seiten in wilden Mustern auf die Leinwand. Dazu benutzte er Stöcke, Pinsel und andere Werkzeuge. Dieses spezielle Verfahren nennt man auch „Dripping". Auf den ersten Blick sehen die Bilder etwas chaotisch aus. Doch der Künstler erläuterte, dass alle Aktionen beim Gestalten des Bildes kontrolliert und bewusst gewesen seien.

**Internettip:** *www.duda.news/wissen/jackson-pollock*

**Arbeitszeit:**

2–3 Unterrichtsstunden

**Material:**

Abbildungen von Bildern von Jackson Pollock, Pflanzenfarben, je Farbe 1 breiter Pinsel, 1 Pipette, Tapete oder Tonkarton, 1 Schere, 1 Lineal, 1 Bleistift, mehrere Blätter weißes oder liniertes Papier, Locher, Kordel oder Wollfaden (ca. 50 cm lang)

**Lernziele:**

- Betrachtung der Abbildungen von Pollocks Kunstwerken und Vermutung über die Gestaltungstechnik
- Kennenlernen der Begriffe „Action Painting" und „Dripping"
- eigenes Gestalten eines Kunstwerkes durch Tropfen und Spritzen von Pflanzenfarben
- Schulung der Motorik durch gezieltes und bewusstes Platzieren der Farbtropfen
- Auswahl der Farben nach individuellen, ästhetischen Gesichtspunkten
- Herstellen eines Gebrauchsgegenstandes (Notizbücher)
- Förderung der Feinmotorik durch Schneiden von gleich großen Papierabschnitten und Einfädeln einer Kordel als Halterung der Buchseiten

**Anleitung:**

Pflanzenfarben an sich sind recht dünnflüssig. Deshalb kann man sie gut für Action-Painting-Bilder verwenden. Am besten arbeitet man dabei im Freien oder an einem gut abgedeckten Arbeitsplatz.

Zeigen Sie den Schülern zu Beginn der Einheit einige Bilder von Jackson Pollock und erläutern Sie sein Werk sowie die Begriffe „Action Painting" und „Dripping". Danach werden die Schüler selbst aktiv.

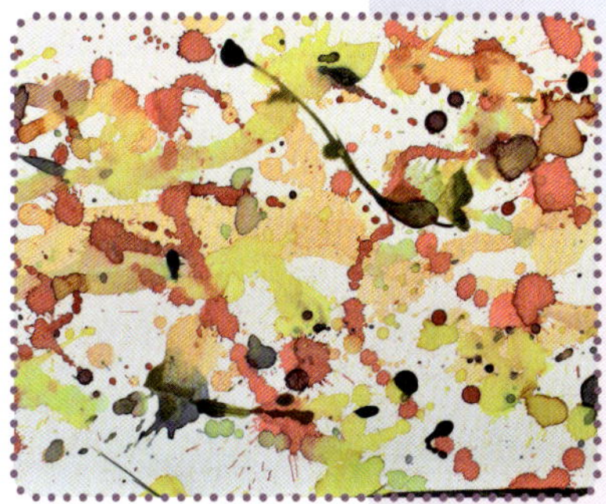

# Action Painting (2)

Mit einem Pinsel oder einer Pipette tropfen und klecksen die Kinder verschiedene Pflanzenfarben auf ein festes Papier, zum Beispiel auf Tapete oder Tonkarton. Dabei kann der Malgrund in verschiedene Richtungen gedreht werden. Je nach Temperament und Bewegung der Schüler spritzen die Farbtropfen auseinander und hinterlassen interessante Muster, die an die Bilder von Jackson Pollock erinnern.

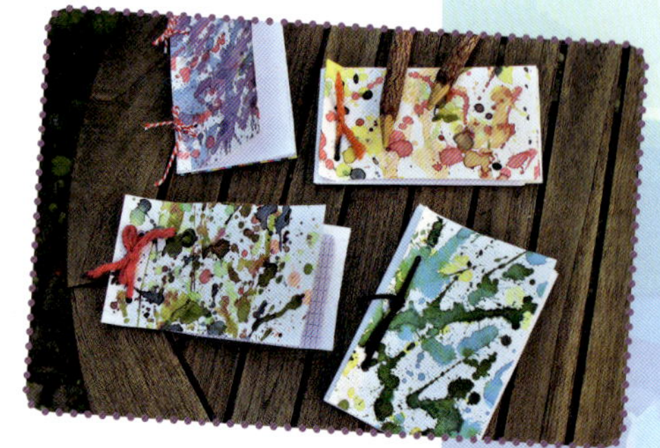

**weiterführende Idee:**

Nach dem Trocknen können die Schüler aus den farbigen Tropfenbildern kleine Notizbücher fertigen.
Dazu werden die Bilder in zwei gleich große Rechtecke geschnitten. Sie dienen als Buchdeckel. Mehrere Seiten weißes oder liniertes Papier werden ebenfalls auf die gleiche Größe geschnitten und zwischen die Buchdeckel gelegt. Dann locht man den ganzen Packen und fädelt eine Kordel oder einen Wollfaden durch die Löcher und verknotet die Enden.

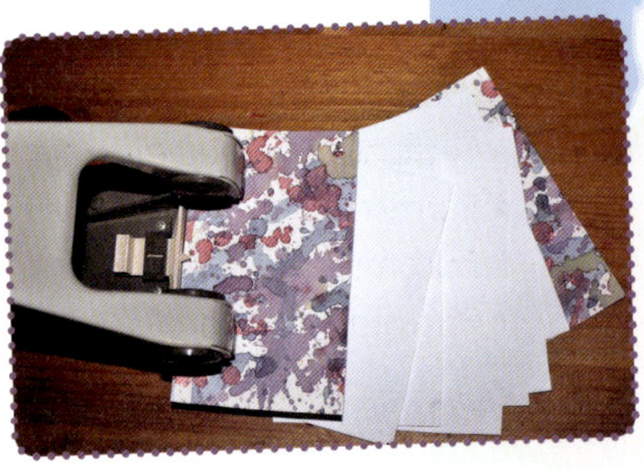

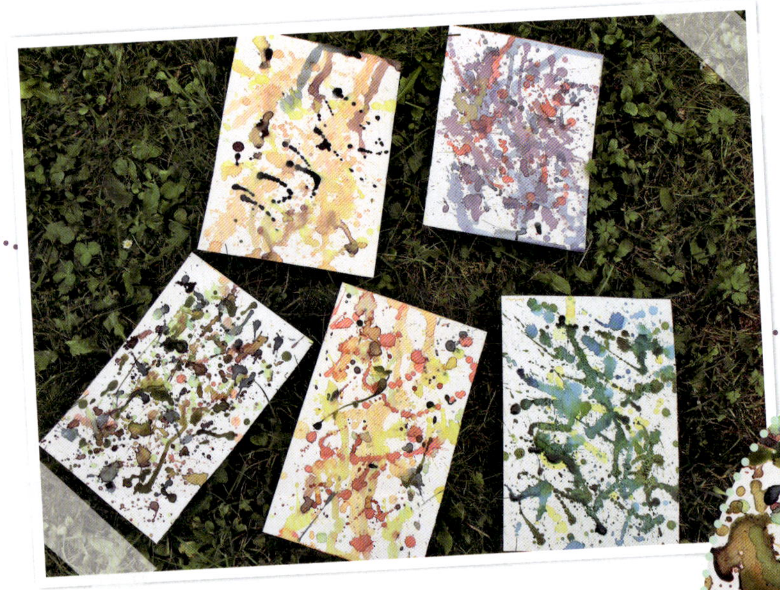

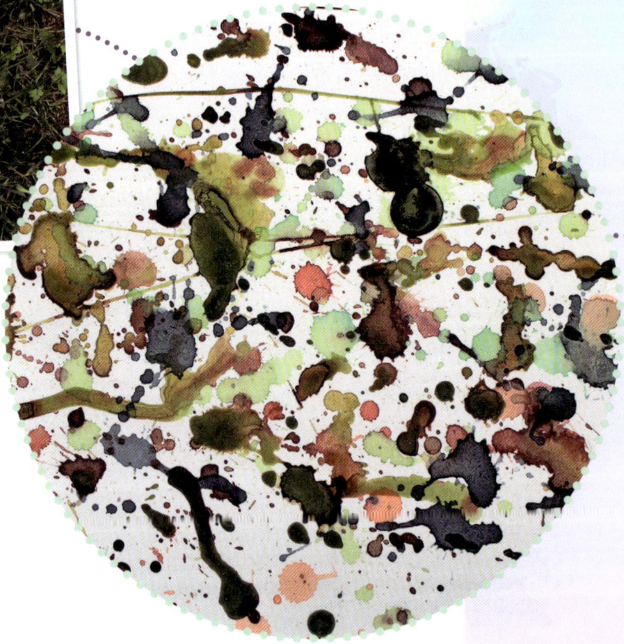

# Pustebilder

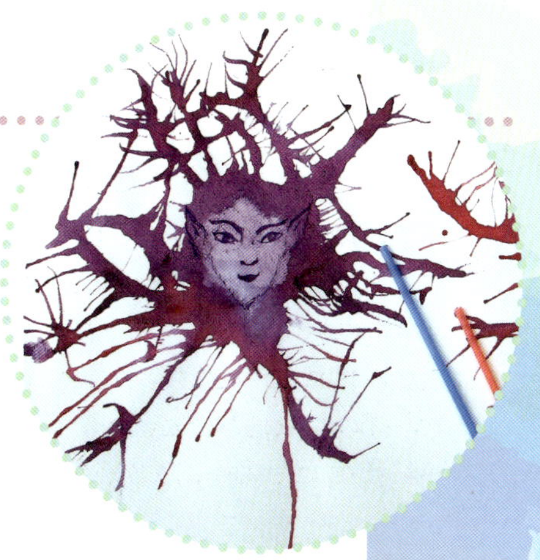

**Arbeitszeit:**
2 Unterrichtsstunden

**Material:**
Pflanzenfarben, je Farbe 1 Pinsel, Zeichenpapier in Weiß, Papierstrohhalme (oder Bambus, Stahl, Holz), Filzstifte

**Lernziele:**
- Unterschied zwischen Ein- und Ausatmen kennen und steuern, bewusst atmen
- mit dem eigenen Atem ein Bild gestalten
- Einschätzen des eigenen Lungenvolumens
- Förderung der Fantasie beim Erkennen von Zufallswesen aus Farbrinnsalen
- Entwicklung von Ideen zum Ergänzen der Fantasiewesen

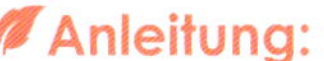

**Anleitung:**
Eine besondere Technik ist das Malen mit Atem. Die Schüler tropfen einige Kleckse Pflanzenfarbe auf ein weißes Zeichenpapier. Der Trinkhalm wird nah an die Farbe gehalten und es wird kräftig hineingepustet. Die Rinnsale aus Pflanzenfarbe werden so in alle Richtungen getrieben.
**Tipp:** Fragen Sie die Schüler, ob sie Trinkhalme von zu Hause mitbringen können, dann müssen keine neuen angeschafft werden. Zu Plastiktrinkhalmen gibt es viele Alternativen aus Papier, Glas, Stahl oder Bambus. Auch lange Maccaroni eignen sich.

**weiterführende Idee:**
In den interessanten Gebilden lassen sich mit Fantasie geheimnisvolle Wesen erkennen. Nach dem Trocknen können die Gebilde mit Pinsel und Farbe ergänzt oder mit Filzstiften weitergemalt werden.

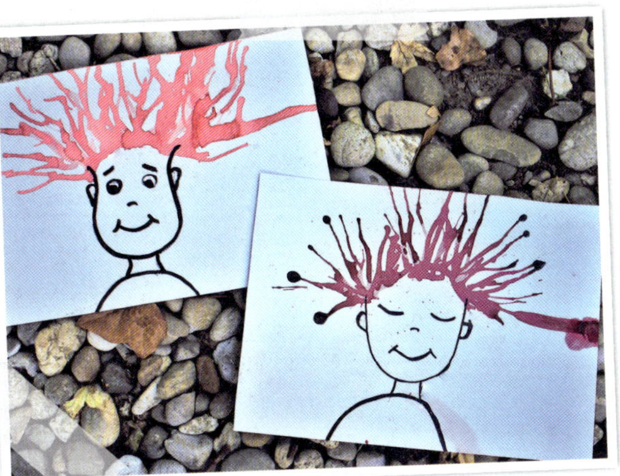

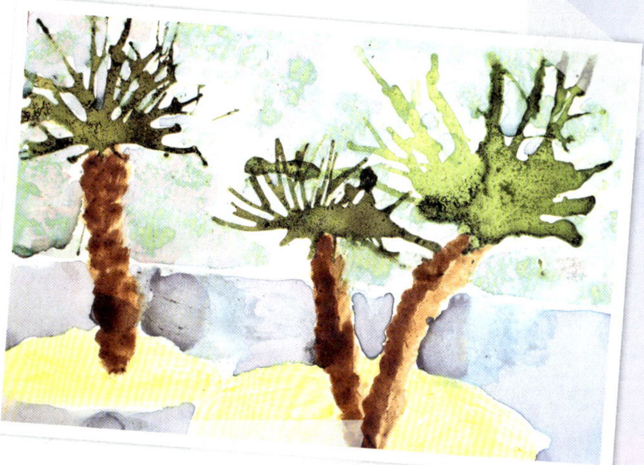

# Murmelbilder

**Arbeitszeit:**
1 – 2 Unterrichtsstunden

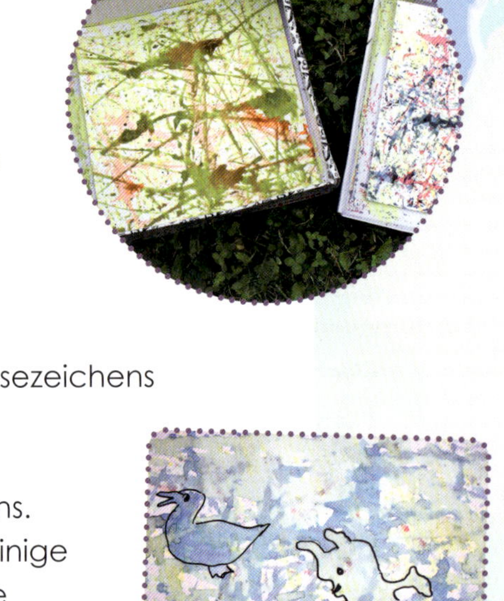

**Material:**
1 Deckel eines Schuhkartons, Zeichenpapier, Pflanzenfarben, je Farbe 1 Pinsel, einige Murmeln oder Kugeln, Filzstifte, 1 Lineal, 1 Bleistift, 1 Schere, farbiger Tonkarton, 1 Locher, farbige Wolle oder buntes Geschenkband

**Lernziele:**
- Förderung der Motorik durch Bewegen des Bildes
- Erkennen des physikalischen Zusammenhangs zwischen Schräge des Untergrundes und Geschwindigkeit der Murmeln
- Förderung der Fantasie im Erkennen von Figuren
- Kreativität beim Ergänzen und Zeichnen der Fantasiefiguren
- einen nützlichen Gegenstand fantasievoll gestalten (Lesezeichen)
- geeignete Befestigung eines Bandes am unteren Ende des Lesezeichens

**Anleitung:**
Jedes Kind legt ein Blatt Papier in den Deckel eines Schuhkartons. Eventuell muss das Blatt zugeschnitten werden. Dann werden einige Kleckse Pflanzenfarbe darauf getropft. Danach legt man einige Murmeln oder Kugeln in den Deckel und lässt sie über die Farben sausen, indem man den Deckel vorsichtig hoch und runter bewegt. Die Farben verteilen sich auf diese Weise über das gesamte Bild, mischen und überkreuzen sich.
Wenn die Farben getrocknet sind, können die Kinder einzelne Farbflecken in kräftigen Farben übermalen oder mit Filzstiften ergänzen.

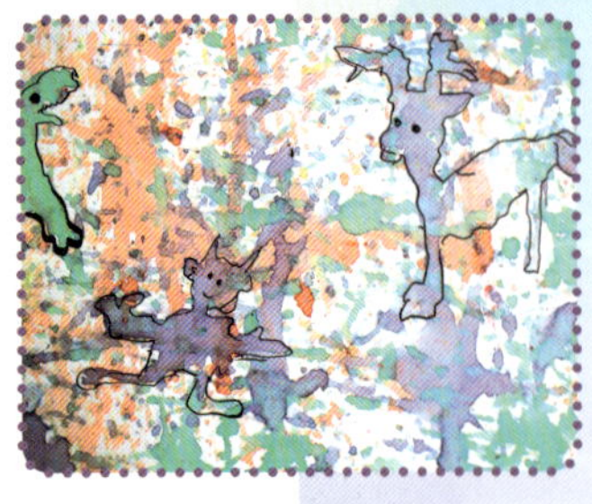

**weiterführende Idee:**
Aus den Murmelbildern lassen sich hübsche Lesezeichen fertigen. Nach dem Trocknen des Bildes zeichnen die Schüler mit Lineal und Bleistift ein Rechteck in der Größe 14 x 4 cm auf und schneiden dieses aus.
Auf farblich passenden Tonkarton wird ein Rechteck in der Größe 14,5 x 4,5 cm aufgezeichnet. Das bunte Rechteck wird dann auf den einfarbigen Tonkarton geklebt. An einem Ende wird mit Hilfe eines Lochers ein Loch in das Lesezeichen gestanzt und ein Wollfaden oder ein buntes Band festgeknotet.

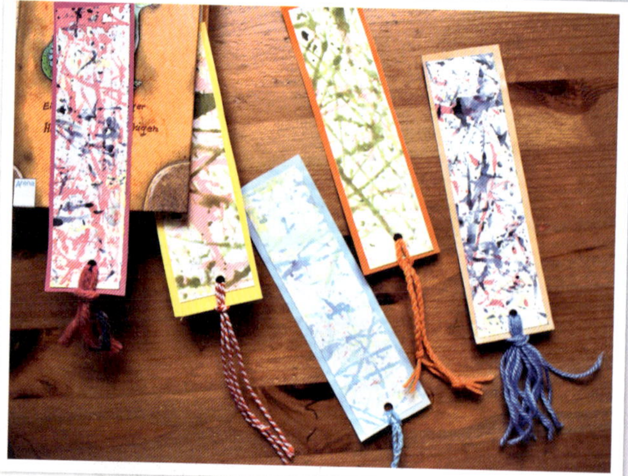

# Abklatschbilder

**Arbeitszeit:**

2 Unterrichtsstunden

**Info:**

Bei der Abklatschtechnik (Décalcomanie) handelt es sich um ein Farbabzugsverfahren, das schon Künstler wie Max Ernst in zahlreichen Werken für sich entdeckt haben. Dabei spielt der Zufall der Farb- und Formabdrücke eine große Rolle.

**Internettip:** *www.duda.news/wissen/so-malte-max-ernst-neue-techniken*

**Material:**

Pflanzenfarben, je Farbe 1 Pinsel, Kleister oder Gelierzucker, Zeichenpapier, Filzstifte, Wackelaugen

**Lernziele:**

- Technik der Décalcomanie kennenlernen und einsetzen
- Wecken der Experimentierfreude
- Kennenlernen des geometrischen Begriffs „Symmetrie“
- Gestaltungsmöglichkeiten mit der Farbe und der Form erkennen
- Kreativität bei der Interpretation der Farb- und Formabdrücke

**Anleitung:**

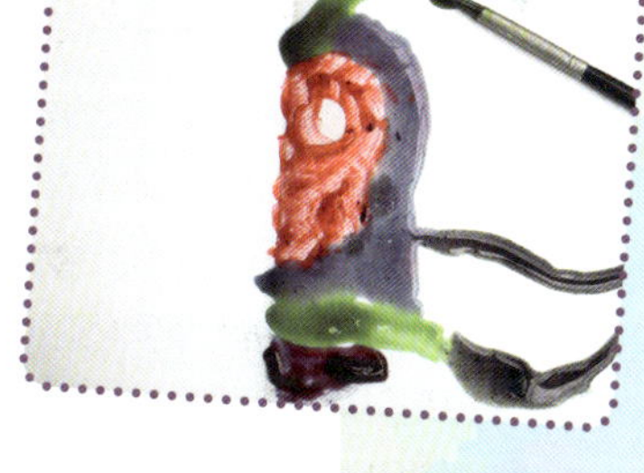

Zunächst falten die Kinder ein Blatt Papier in der Mitte und klappen es wieder auf. Die Faltlinie dient als Mittellinie.

Auf eine Seite werden mit Hilfe der Pinsel verschiedene Pflanzenfarben getropft. Die andere Seite wird vorsichtig darüber geklappt.

Mit der Handfläche wird nun sanft in einer Richtung über das Blatt gestrichen. Dann zieht man die Blatthälften wieder auseinander und staunt über das symmetrische Muster, das entstanden ist.

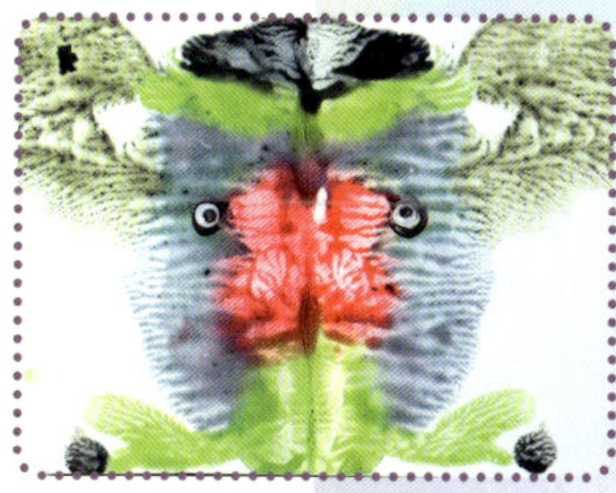

Den Vorgang kann man mehrmals wiederholen. Mit etwas Fantasie kann man dabei Insekten, Schmetterlinge oder andere Wesen erkennen. Gegebenenfalls können die Kinder die entstandenen Tiere mit einigen Pinselstrichen oder mit Hilfe von Filzstiften ergänzen. Auch Wackelaugen können verwendet werden.

**Tipp:** Es empfiehlt sich dabei, die Pflanzenfarben zuvor mit Kleister oder Ähnlichem (s. S. 6 „Konsistenz von Pflanzenfarben“) anzudicken.

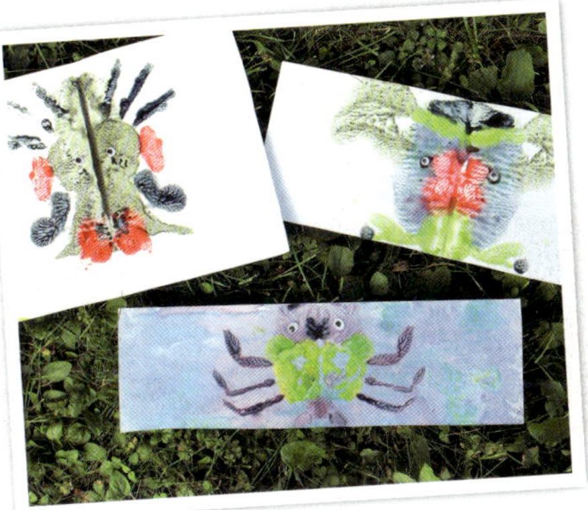

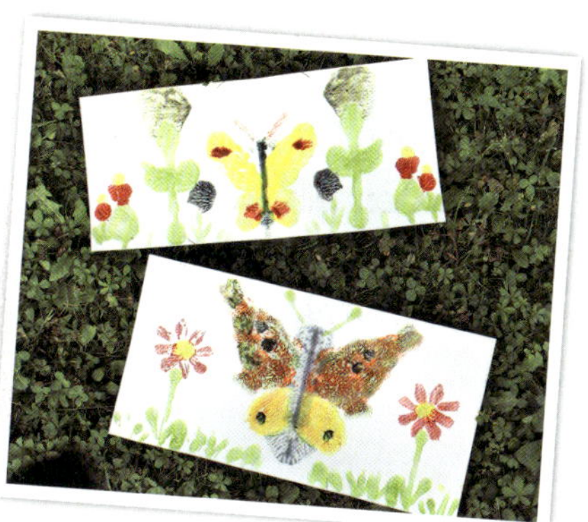

# Nachteulen und Waldkäuze

**Arbeitszeit:**
2 Unterrichtsstunden

**Material:**
Zeichenpapier, verschiedene Pflanzenfarben, braune Teefarbe, je Farbe 1 breiter Pinsel, Kleister, Schere, Bastelkleber, helle Papierreste, Filzstifte

**Lernziele:**
- verschiedene Eulenarten unserer Heimat und deren Lebensraum kennenlernen
- Erscheinungsmerkmale einer Eule erfassen
- Symmetrie in der Natur wahrnehmen
- Abklatschtechnik an einem konkreten Objekt anwenden
- gezielte Platzierung der Pflanzenfarben zum Erlangen eines symmetrischen Eulengesichtes

**Anleitung:**
Für diese Technik empfiehlt es sich, die Farben etwas anzudicken (s. S. 6). Die Kinder falten zunächst ein Blatt Papier entlang der Mittellinie und klappen es wieder auf. Auf die eine Blatthälfte werden Farbkreise oder Farbflecke aus angedickter Pflanzenfarbe aufgebracht. Dazu benutzt man einen breiten Pinsel. Das Blatt wird wieder zusammengeklappt und mit der Handfläche vorsichtig darüber gestrichen. Ist man mit der entstandenen Form noch nicht zufrieden, kann der Vorgang wiederholt werden.

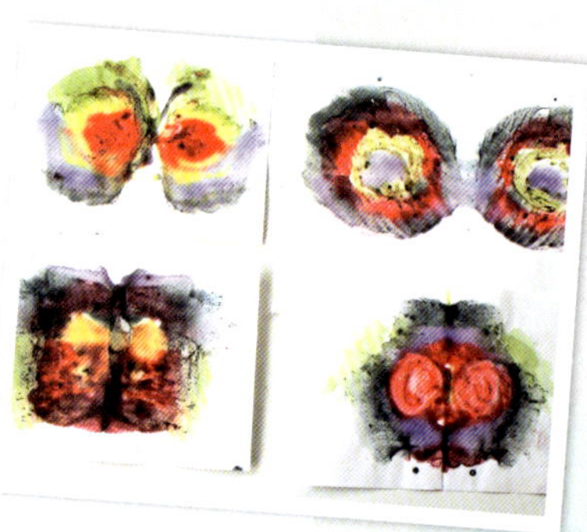

Während die Abklatschbilder trocknen, bestreichen die Kinder ein weiteres Blatt Papier mit angedickter, brauner Teefarbe. Nach dem Trocknen schneiden sie daraus einen Schnabel und zwei Federbüschel aus. Diese werden mit Hilfe von Bastelkleber an den entsprechenden Stellen am Eulenkopf festgeklebt.

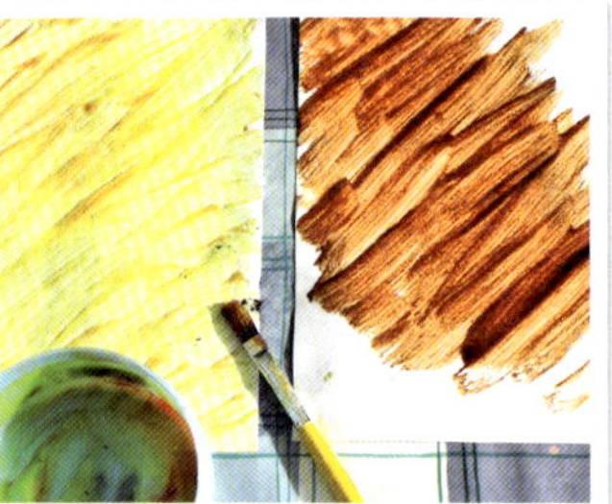

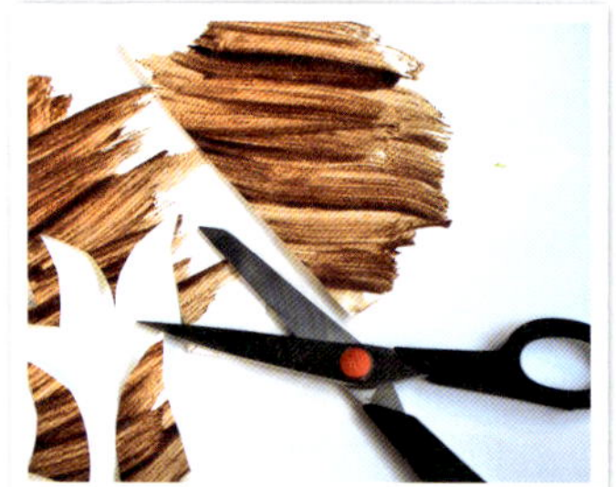

Für die Augen werden zwei Kreise aus hellem Papier ausgeschnitten und die Pupillen mit Filzstiften aufgemalt. Dann klebt man sie oberhalb des Schnabels rechts und links fest.

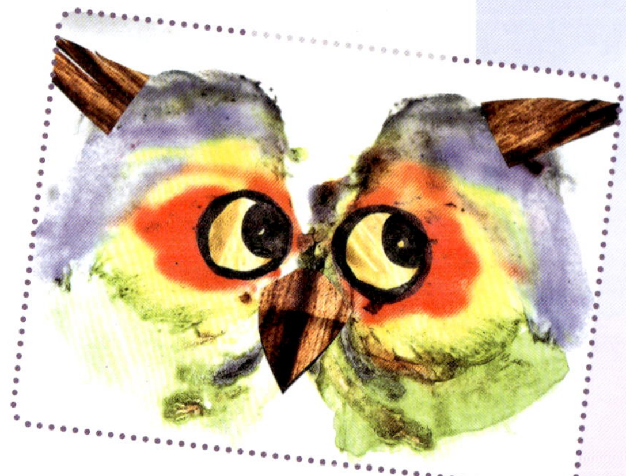

# Drucken (1)

**Arbeitszeit:**
2 Unterrichtsstunden

**Material:**
mehrere Kartoffeln, 1 kleines Küchenmesser, 1 Schneidebrett, Ausstechförmchen, Pflanzenfarben, je Farbe 1 Pinsel, Kleister, Zeichenpapier, Küchenkrepp, Zeichenpapier in DIN A3 oder weißes Butterbrotpapier, evtl. kleine Geschenke, Gemüse (z. B. Pilze, verschiedene Kohlarten), Früchte, weiße Papierreste, Schere, Kleber, 1 schwarzer Filzstift

**Lernziele:**

- Benennen von Obst- und Gemüsesorten
- Kennenlernen der Technik des Druckens
- Herstellen eines geeigneten Druckstempels
- Trainieren der Auge-Hand-Koordination durch genaues Platzieren des Motives
- Förderung der Kreativität durch Ausdenken von Musterfolgen
- Einschätzen der eigenen Körperkraft beim Drucken

**Anleitung Kartoffeldruck:**
Zuerst schneiden die Schüler ihre Kartoffel quer durch, sodass man aus jeder Kartoffel zwei Stempel erhält. Ein Ausstechförmchen wird in eine Hälfte der Kartoffel gedrückt und der überstehende Teil der Kartoffel weggeschnitten.
Um ein eigenes Stempelmuster zu kreieren, ritzen die Schüler eine einfache Form wie Rechteck, Dreieck, Kreis oder Baum in die Schnittfläche der Kartoffel und schneiden die restlichen Teile der Kartoffel vorsichtig weg. Bei jüngeren Kindern sollte dies die Lehrkraft übernehmen.
Zum Drucken dickt man die Pflanzenfarbe mit etwas Kleister an. Dann wird die Schnittfläche des Stempels mit Pflanzenfarbe bestrichen und fest auf ein Blatt Zeichenpapier gepresst. Soll eine neue Farbe zum Drucken verwendet werden, spült man den Kartoffelstempel unter fließendem Wasser ab, trocknet ihn mit Küchenkrepp und bestreicht ihn erneut mit Pflanzenfarbe.

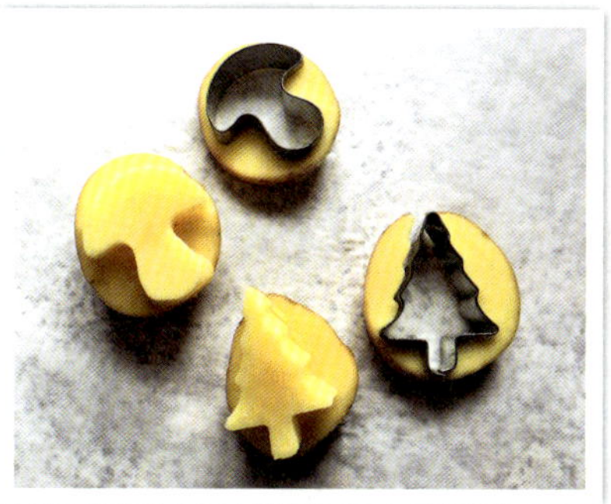

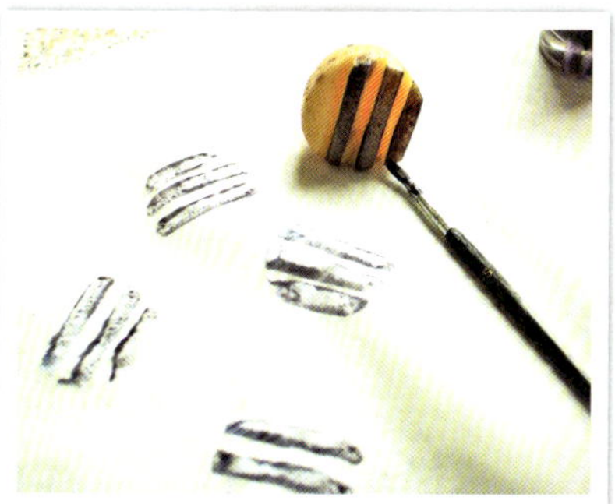

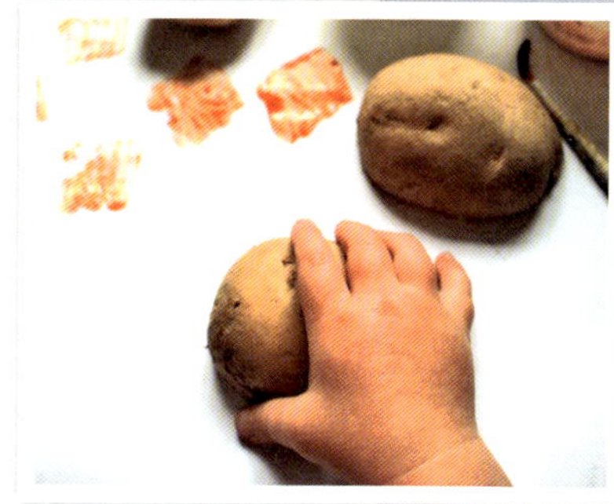

**Tipp:** Für kleine Kinderhände schneidet man die Kartoffeln in der Breite durch. Dadurch können die Kinder den Kartoffelstempel besser greifen und fester auf die Unterlage pressen.

# Drucken (2)

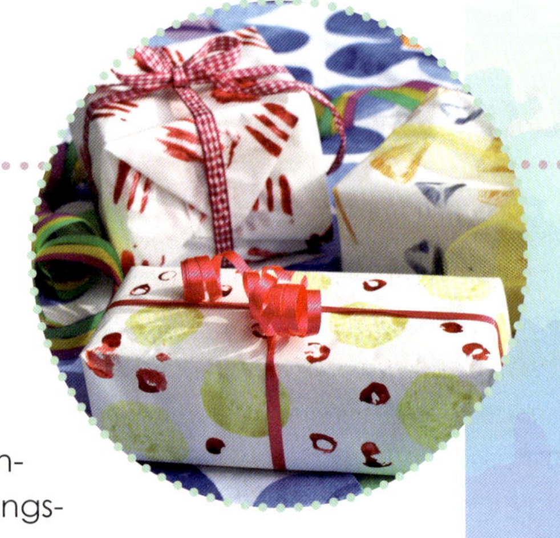

**Anleitung Gemüsedruck:**

Zum Drucken eignen sich auch zahlreiche Gemüsesorten und Kohlarten, Pilze und Früchte (s. hierzu auch Hinweis S. 4). Sie werden in der Mitte durchgeschnitten, mit Küchenkrepp trocken getupft und danach mit Pflanzenfarbe bestrichen. Die innere Struktur der einzelnen Gemüse- und Fruchtsorten bietet viele Gestaltungsmöglichkeiten.

**weiterführende Idee 1:**

Durch Stempeldruck lässt sich hübsches Geschenkpapier gestalten. Dazu verwendet man eine Rolle weißes Butterbrotpapier oder ein weißes Zeichenblatt in der Größe DIN A3. Es wird gleichmäßig mit bunten Mustern bedruckt. Um verschiedene Muster zu erhalten, tauschen die Kinder ihre Stempel untereinander. Nach dem Trocknen können kleine Geschenke in dem Geschenkpapier eingepackt werden.

**weiterführende Idee 2:**

Mit den Stempeln können auch Roboterbilder gestempelt werden. Diese werden aus Rechtecken, Kreisen und weiteren Formen zusammengesetzt. Am Ende werden noch Punkte auf die Antennen gemalt. Für die Augen werden weiße Kreise aus Restpapier ausgeschnitten und aufgeklebt. Mit einem schwarzen Filzstift werden die Augen umrandet und Pupillen hineingemalt.

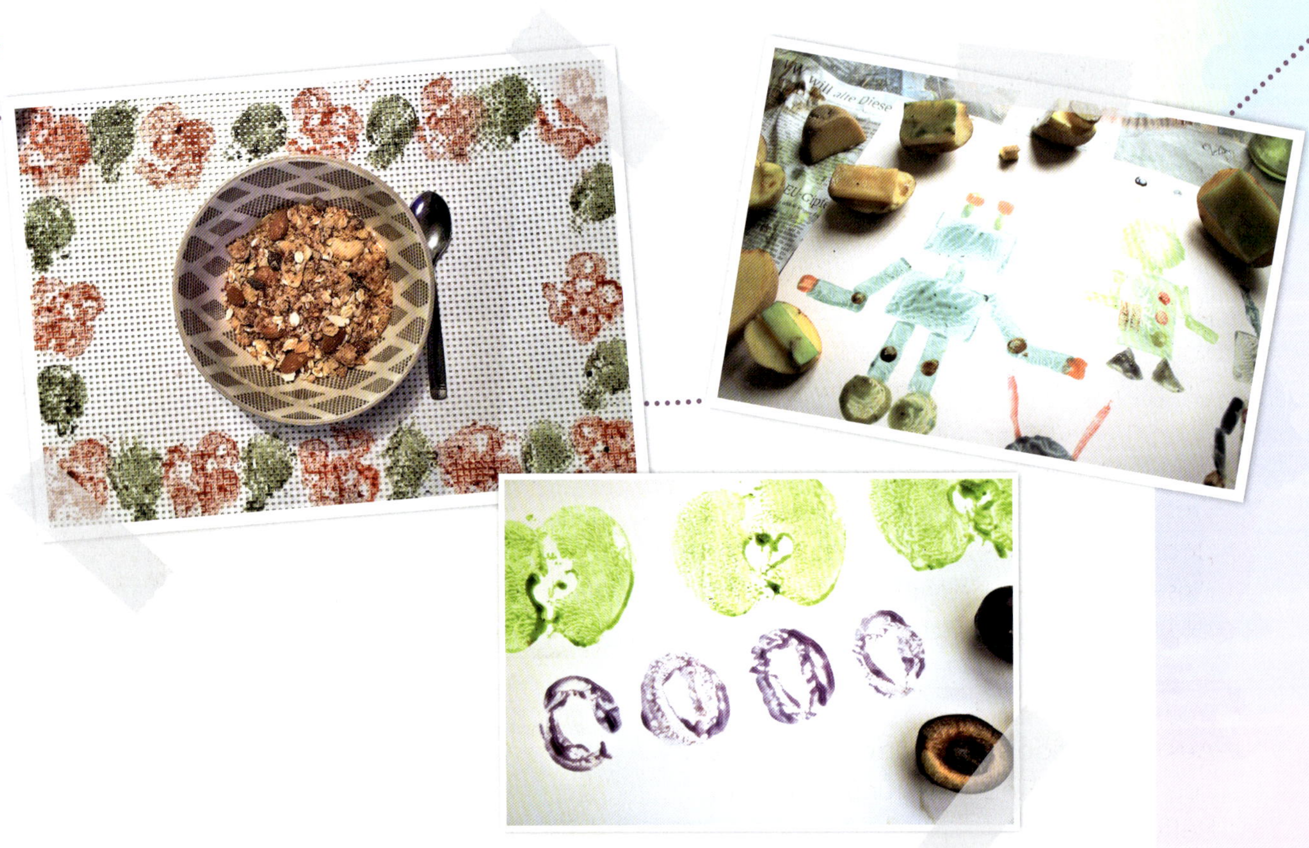

# Collagen

Der Begriff „Collage“ leitet sich vom französischen Wort „coller“ (kleben) ab. Er umschreibt die Technik, bei der einzelne Elemente ausgeschnitten und zu einem neuen Bild oder Objekt zusammengefügt werden. Auf einer Unterlage wie zum Beispiel Tonkarton, einer Leinwand oder Tapete werden die Elemente festgeklebt. Das dabei entstandene Kunstwerk wird ebenfalls als Collage bezeichnet.

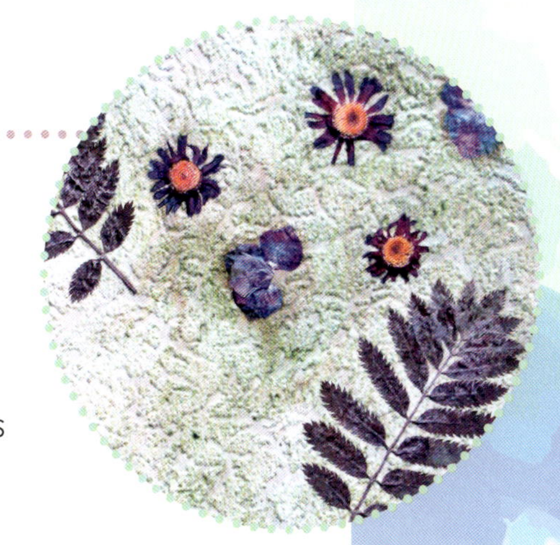

## Mit gepressten Pflanzen

**Arbeitszeit:**

1 Unterrichtsstunde Vorbereitung (Pressen), 1 Unterrichtsstunde Gestalten des Papieres

**Material:**

Pflanzenteile wie Blüten, Blätter und Gräser, Kataloge oder Pflanzenpresse, Pflanzenfarben, je Farbe 1 Pinsel, Kleister, Raufaser-, Vinyl- oder andere Strukturtapeten, 1 Behälter für Kleister, 1 breiter Pinsel

**Lernziele:**

- Pflanzen und Blüten bewusst aussuchen, sammeln und pressen
- Technik des Pflanzentrocknens kennenlernen
- Herstellen eines floralen Papieres
- vorsichtiges Bestreichen der empfindlichen Trockenpflanzen
- Gestalten eines nützlichen, dekorativen Gebrauchsgegenstandes (Hefteinband)

**Anleitung:**

Die Schüler sammeln einige Blüten, Blätter und Gräser. Sie legen die gesammelten Pflanzenteile in einen Katalog oder eine Pflanzenpresse und pressen sie dort einige Tage lang. Diese Vorarbeit könnte auch eine Aufgabe für zu Hause sein. Die Pflanzenfarbe wird mit etwas Kleisterpulver angedickt und ein Stück Tapete komplett damit bestrichen. Auf der feuchten Pflanzenfarbe werden die getrockneten Pflanzenteile arrangiert und vorsichtig mit einem breiten Pinsel mit Kleister bestrichen. Das Blumenbild sollte einige Stunden trocknen.

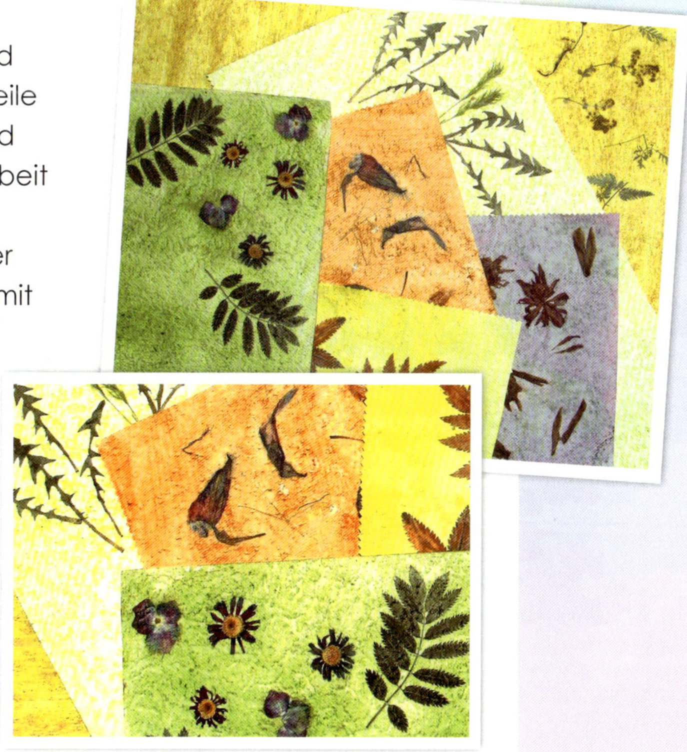

**weiterführende Idee:**

Aus den fertigen Blumenpapieren lassen sich hübsche Einbände für Bücher und Hefte gestalten.

# Collagen aus Musterpapieren: Exotische Chamäleons

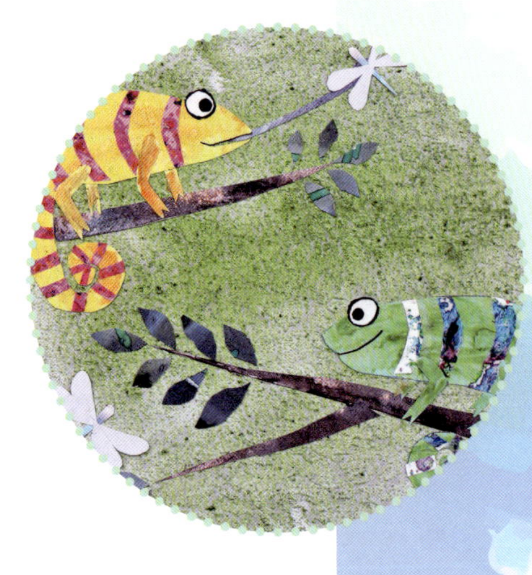

**Arbeitszeit:**
3–4 Unterrichtsstunden

**Material:**
Bildmaterial zu Chamäleons, Pflanzenfarben, je Farbe 1 Pinsel, Zeichenpapier, Raufasertapete, 1 Nagelschere, 1 Bleistift, 1 Schere, Kleber, Backpulver, 1 Pinsel

**Lernziele:**
- Kennenlernen der Lebensweise und Merkmale von Chamäleons (lange klebrige Zunge, gedrungener Körper, eingerollter Schwanz)
- Verwendung von geeigneten Musterpapieren zum kreativen Gestalten der einzelnen Objekte
- Förderung der Feinmotorik durch exaktes Ausschneiden der Körperformen
- Entwicklung von Ideen zum Gestalten eines farbenfrohen Reptils und seines Lebensraumes
- Freude am Experimentieren mit Pflanzenfarbe und am Kreieren von neuen Farbtönen

**Anleitung:**
Sehen Sie sich mit Ihren Schülern einige Bilder von Chamäleons an und sprechen sie über die Lebensweise und typische Merkmale der Tiere.
Danach bemalen die Schüler einige Blätter Zeichenpapier. Eines sollte zweimal mit Spinat- oder Karottenfarbe bestrichen werden, ein weiteres im Stil des Action Painting (s. S. 25). Ein Bogen Tonkarton wird mit Teefarbe eingefärbt. Des Weiteren suchen die Schüler einige grüne Musterpapierreste aus.
Dann bestreichen die Schüler ein Stück Raufasertapete mit grüner Spinatfarbe. Während es trocknet, werden die Körper der Chamäleons auf das Papier, das die Schüler mit Spinat- bzw. Karottenfarbe bestrichen haben, aufgezeichnet und ausgeschnitten. Dafür eignet sich eine Nagelschere. Aus einem bunten „Action-Painting-Bild" werden leicht gebogene Streifen ausgeschnitten und in gleichmäßigen Abständen auf den Körper des Chamäleons geklebt.
Auf den teefarbenen Tonkarton werden Zweige aufgezeichnet und ausgeschnitten. Die Blätter entstehen aus grün bemalten Musterpapierresten.
Für die Libelle färben die Schüler ein Papier mit Rotkrautsaft und bestreichen das nasse Blatt mit Backpulver. Durch die unterschiedliche Verteilung des Pulvers entstehen verschiedene Farbnuancen. Aus dem getrockneten Musterpapier schneiden die Schüler einen länglichen Körper und vier Flügel aus. Zum Schluss werden alle Teile auf dem grünen Raufasertapeten-Hintergrund arrangiert und festgeklebt.

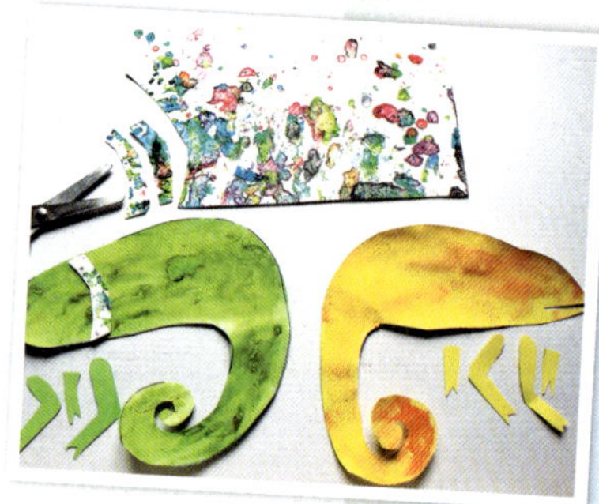

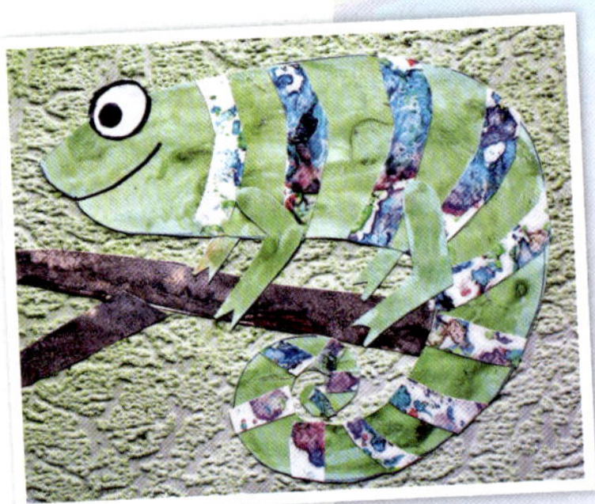

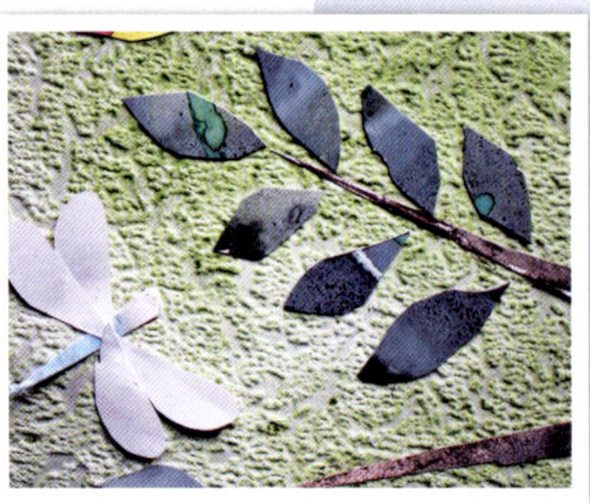

# Collagen aus Musterpapieren: Geschirrschrank

**Arbeitszeit:**

2–3 Unterrichtsstunden

**Material:**

Pflanzenfarben, je Farbe 1 Pinsel, Zeichenpapier, 1 Bleistift, Radiergummi, 1 Schere oder Nagelschere, Kleber, Motivstanzer, bunte Filzstifte, Tonkarton in DIN A5

**Lernziele:**

- Herstellen von geeigneten Musterpapieren
- Kreativität beim Entwurf von Geschirrteilen und bei der farbigen Ausgestaltung entwickeln
- Förderung der Feinmotorik durch exaktes Ausschneiden der kleinen Geschirrteile
- Planung einer geeigneten Formation
- Entwerfen von Fantasiemustern für Geschirr (Filzstifte)
- Gestalten einer Einladungskarte

**Anleitung:**

Zunächst stellen die Schüler verschiedene Musterpapiere her, zum Beispiel durch Bemalen, Action Painting (s. S. 25) oder Murmelbilder (s. S. 28). Nachdem die Musterpapiere getrocknet sind, zeichnen die Schüler Teller, Tassen, Becher und Kaffeekannen darauf. Zum Ausschneiden eignet sich eine gebogene Nagelschere. Das winzige Besteck stanzt man mit Hilfe eines Motivstanzers aus.

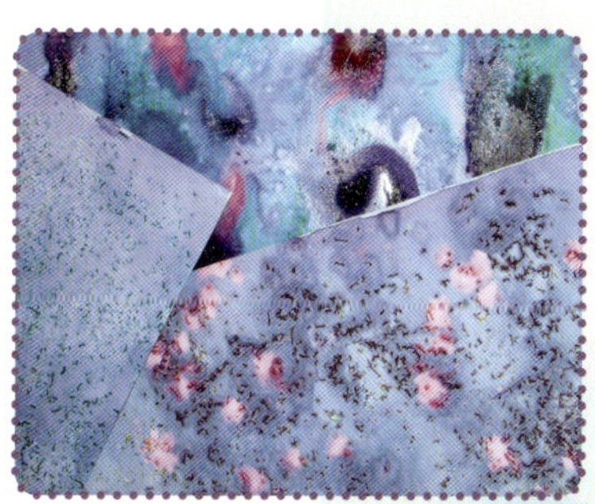

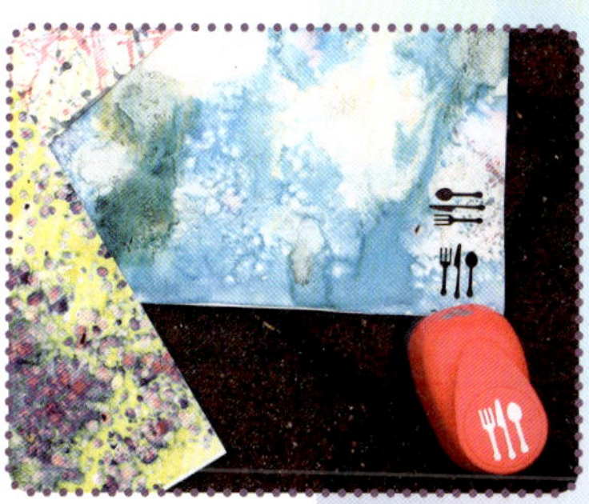

Die Schüler kleben die einzelnen Geschirrteile sortiert auf einen Tonkarton und malen zum Schluss kleine Muster mit Filzstiften darauf.

**Tipp:** Es ist ratsam, das Vorzeichnen der Geschirrteile auf der Rückseite der Musterpapiere vorzunehmen. Falls ein Strich daneben geht, kann er mühelos wegradiert werden, ohne das Farbmuster zu ruinieren.

**weiterführende Idee:**

Für das nächste Klassenfest oder die Adventsfeier gestalten die Schüler eine Einladungskarte für ihre Eltern. Dazu falten sie ein Tonpapier in der Mitte, sodass dieses zu einer zweiseitigen Karte wird. Auf der Vorderseite gestalten sie bunte Tassen, Teller oder eine Kaffeekanne mit bunten Musterpapieren und Mustern aus Filzstiften wie oben beschrieben. Auf die Innenseite wird die Einladung geschrieben.

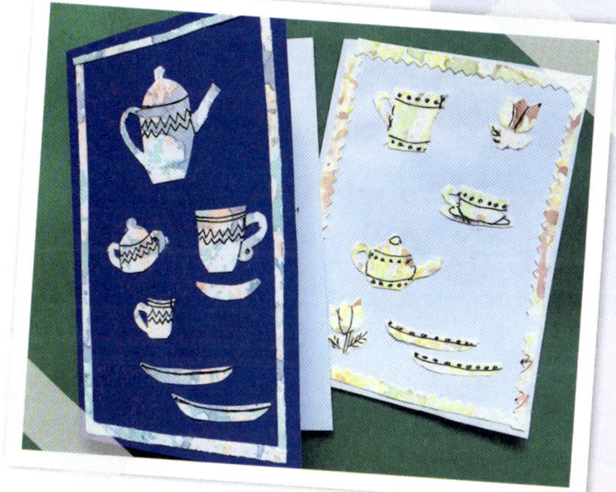

# Collagen aus Zeitungspapier: Eulen bei Nacht

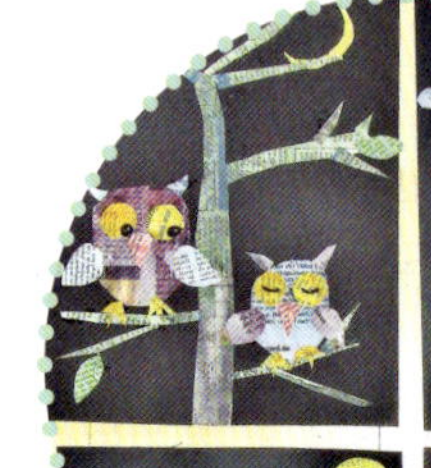
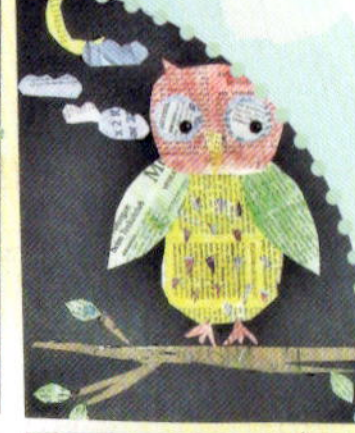
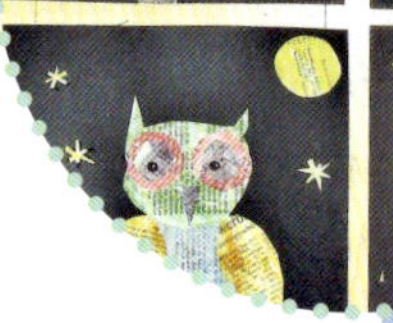
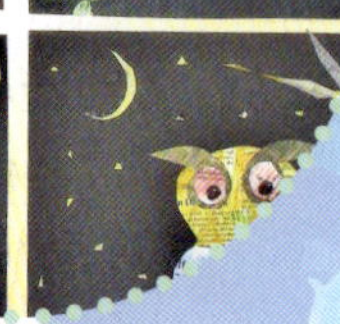

**Arbeitszeit:**
2 Unterrichtsstunden

**Material:**
Bilder von Eulen, Pflanzenfarben, je Farbe 1 Pinsel, Zeitungspapier, 1 Schere, schwarzer oder dunkelblauer Tonkarton, 1 schwarzer Filzstift, Bastelkleber oder Klebestift, Bleistift

**Lernziele:**
- verschiedene Eulenarten und ihre Lebensgewohnheiten kennenlernen
- Erscheinungsmerkmale von Eulen erfassen
- künstlerische Technik des Collagierens ausprobieren
- Förderung des Umweltbewusstseins durch Verwertung von Altpapier
- Entwerfen und Zusammensetzen einer Eule aus farbigen Einzelteilen
- Förderung der Feinmotorik durch exaktes Ausschneiden von einfachen Formen

**Anleitung:**
Zeigen Sie Ihren Schülerinnen und Schülern Abbildungen von verschiedenen Eulen und sprechen Sie über die Lebensgewohnheiten und typischen Merkmale der Tiere. Stellen Sie dann das Arbeitsmaterial Zeitungspapier vor und gehen Sie darauf ein, dass durch die Wiederverwendung dieses Papieres Ressourcen geschont werden.
Zeitungspapier ist sehr saugfähig. Daher eignet es sich gut zum Bemalen mit der dünnflüssigen Pflanzenfarbe. Nach dem Trocknen lässt sich das Papier leicht zerschneiden und neu als Collage zusammenfügen.
Die Kinder bemalen einige Seiten Zeitungspapier mit verschiedenen Pflanzenfarben. Nach dem Trocknen schneiden sie daraus die Körperteile der Eule aus und arrangieren diese auf einem schwarzen oder blauen Tonkarton. Auch ein Zweig mit Blättern wird aus farbigem Zeitungspapier gestaltet und aufgeklebt. Zum Festkleben des dünnen Papieres eignet sich ein Klebestift oder Bastelkleber. Zum Schluss schneiden die Kinder einen Vollmond oder eine Mondsichel und einige Sterne aus gelb bemaltem Zeitungspapier und kleben diese an den dunklen Nachthimmel. Die Pupillen der Eule malt man mit einem schwarzen Filzstift.

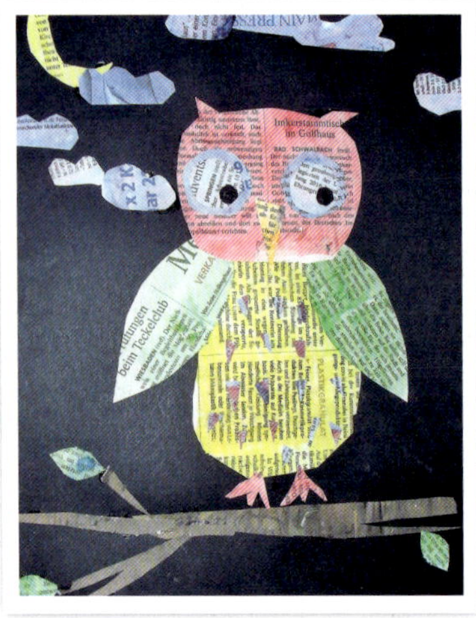
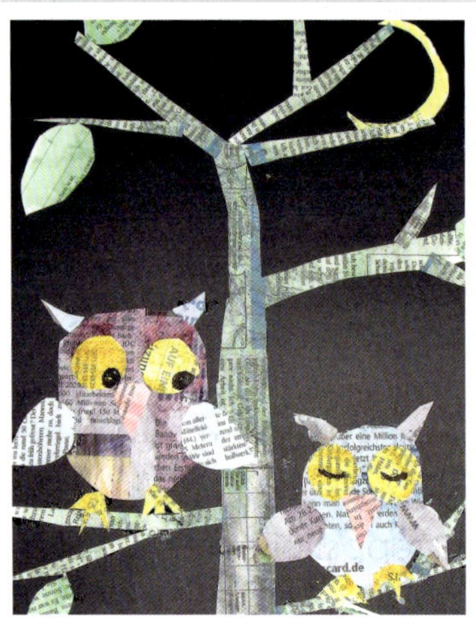
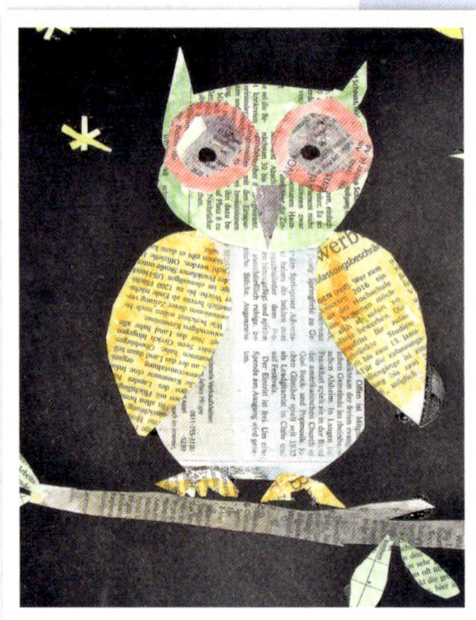

# Collagen aus eingefärbten Papiertüchern: Frisuren aus Küchenkrepp

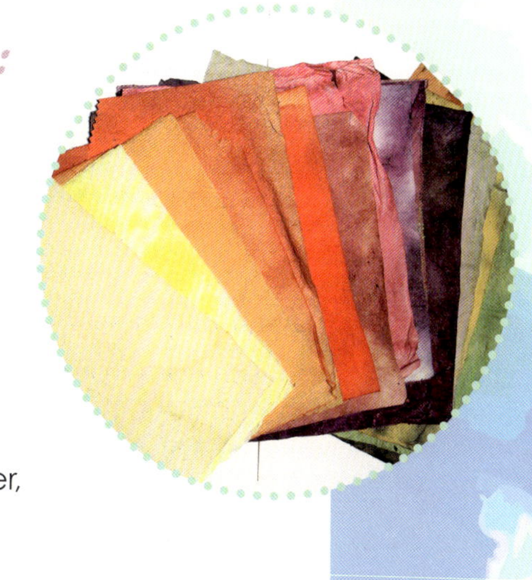

**Arbeitszeit:**
2 Unterrichtsstunden

**Material:**
Pflanzenfarben, je Farbe 1 breiter Pinsel, Küchenkrepp oder Papiertaschentücher, Modezeitschriften oder Illustrierte, Tonkarton (weiß oder bunt), Portraitfotos der Kinder, Zeitungspapier, 1 Bastelschere, 1 Bastelkleber

**Lernziele:**

- Benennen von verschiedenen Frisuren (Zopf, Dutt, Hochsteckfrisur, Kurzhaarfrisur usw.)
- Schulung der Feinmotorik durch Reißen und Schneiden von Küchenkrepp
- Auswählen eines geeigneten Portraits aus Zeitschriften oder Prospekten
- Förderung der Feinmotorik durch exaktes Ausschneiden von Portraitfotos
- Kreativität entwickeln beim Gestalten einer Frisur
- sorgfältiges Kleben der Papierstreifen

**Anleitung:**
Papiertaschentücher und Küchenkrepp sind sehr saugfähig und nehmen Pflanzenfarbe gut auf. Man kann sie vielseitig verwenden. Zuerst breiten die Schüler Küchenkrepp oder Papiertaschentücher auf einer Lage Zeitungspapier aus und betupfen diese mit Pflanzenfarbe. Dazu nutzt man einen breiten Pinsel. In der Sonne oder auf der Heizung kann die Trockenzeit beschleunigt werden.
Ein fester Tonkarton wird mit Pflanzenfarbe grundiert.
Aus Modezeitschriften oder Illustrierten schneiden die Schüler in der Zwischenzeit Gesichter oder Oberkörper von Fotomodellen aus und kleben diese auf den farbigen Tonkarton.
Die eingefärbten Papiertücher werden nun in schmale Streifen gerissen oder geschnitten und an den Haaransatz der Fotomodelle geklebt. Nach dem Trocknen des Klebers können die Streifen bei Kurzhaarfrisuren in Form geschnitten oder bei Langhaarfrisuren zusammengerafft, zu Locken gedreht oder hochgesteckt werden. Bastelkleber hält die Frisur in Form. Haarschmuck kann aus weiterem Küchenkrepp gestaltet werden.
**Tipp:** Als Hintergrund für die Frisurenbilder kann auch ein farbiger Tonkarton verwendet werden.

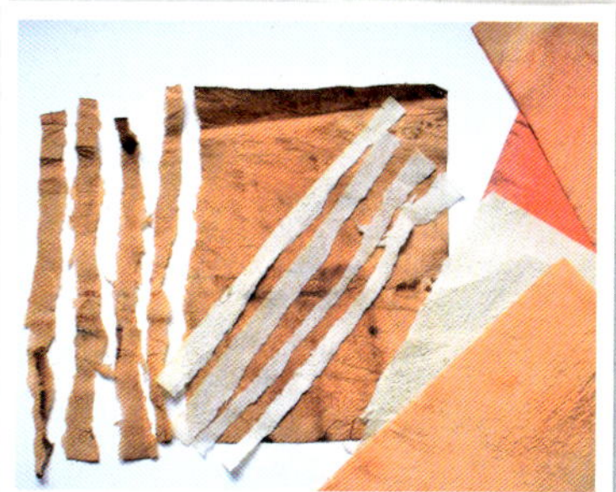

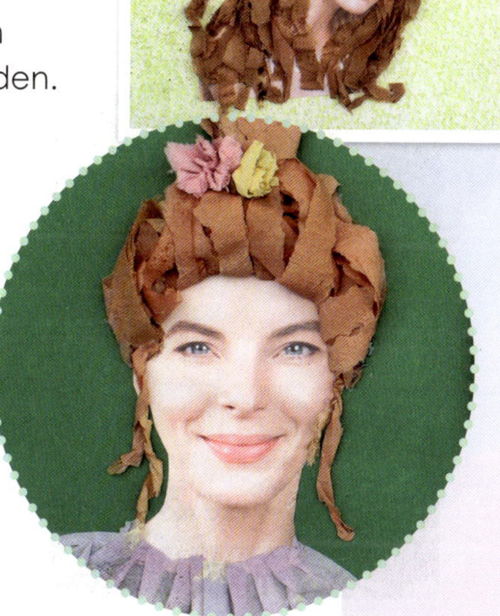

**weiterführende Idee:**
Statt Gesichtern aus Modezeitschriften bringen die Schüler eigene Fotos von sich mit. Diese werden kopiert, vergrößert und ausgeschnitten. So können die Schüler sich selbst eine neue Frisur aus gefärbten Küchenkreppstreifen gestalten.

# Schatzkarte (1)

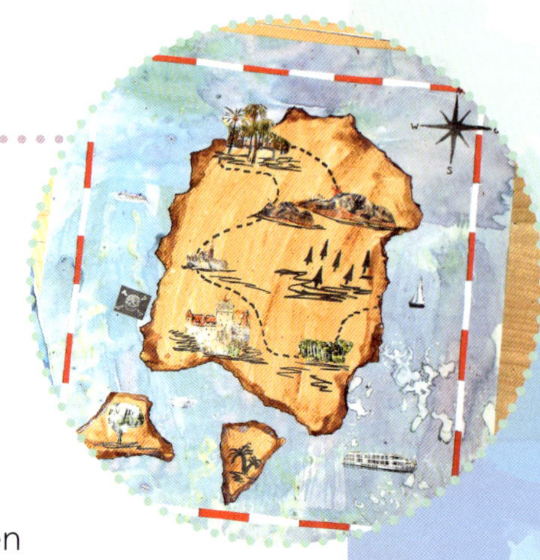

**Arbeitszeit:**
2 Unterrichtsstunden

**Material:**
evtl. Plastikhandschuhe, Rotkrautfarbe, Teefarbe, je Farbe 1 Pinsel, weißer Tonkarton, Backpulver, 1 Pinsel, Salz, Recyclingpappe, 1 Schere, Kleber, Reiseprospekte, rote und weiße Papierreste, Filzstifte, evtl. Beispielbilder mit nautischen Symbolen

**Lernziele:**
- Experimentieren mit Pflanzenfarben zum Kreieren von neuen Farbnuancen
- Förderung der räumlichen Vorstellungskraft
- Räumliches in Fläche umsetzen
- Förderung der Feinmotorik durch Reißen von Karton in eine geeignete Form
- Förderung der Feinmotorik durch exaktes Ausschneiden und Aufkleben von kleinen Motiven
- Entwicklung von Ideen beim Vorbereiten einer Schatzsuche

**Anleitung:**
Zunächst bemalen die Schüler einen weißen Tonkarton mit Rotkrautfarbe und streuen etwas Backpulver auf die nasse Farbe. Mit einigen Pinselstrichen wird das Pulver auf der Fläche verteilt. Die Farbe verändert sich und wird hellblau bis türkis. Man streut noch einige Salzkörner darauf und erhält ein interessant strukturiertes Meeresbild.

Während die Farbe trocknet, reißen die Schüler aus einem Tonkarton oder einer Recyclingpappe die Form einer Insel. Die Ränder können recht zerklüftet sein. Die Inselfläche wird mit starker Teefarbe grundiert. Einige Salzkörnchen verleihen der Insel ein Oberflächenmuster.

Damit die Ränder der Schatzkarte wie angebrannt aussehen, werden sie mit einem feinen Pinsel rundum mehrmals mit Teefarbe bestrichen. Dann klebt man die bemalte Insel auf den blauen Meereshintergrund.

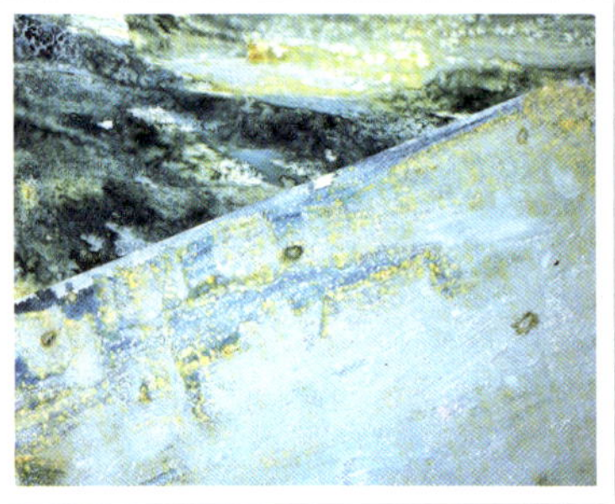

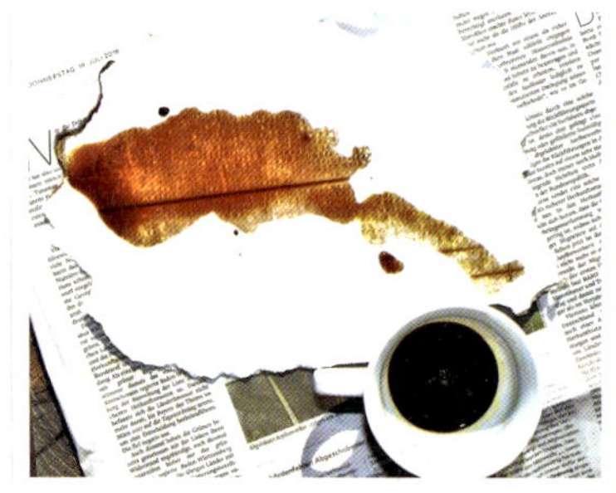

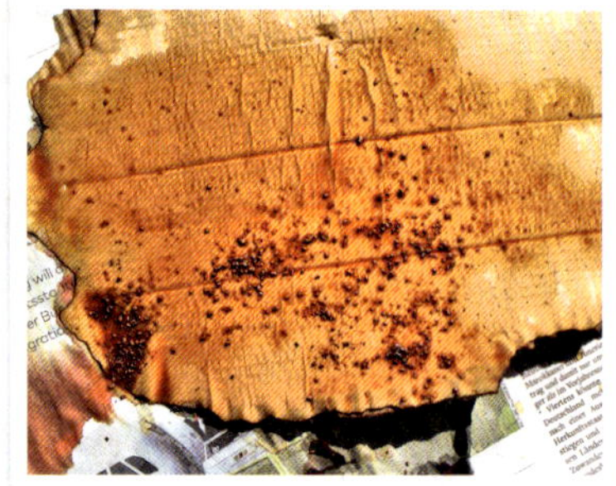

# Schatzkarte (2)

Aus Reiseprospekten und Katalogen für Ferienreisen werden kleine Bilder von Booten und Bergen, Blumen und Bäumen, Kirchen und Sehenswürdigkeiten ausgeschnitten und auf die Schatzkarte geklebt.
Rote und weiße Papierstreifen werden abwechselnd wie ein Rahmen rund um die Karte geklebt. Eine Windrose und andere Details malt man mit Filzstiften auf. Halten Sie hierfür eventuell Beispielbilder bereit.

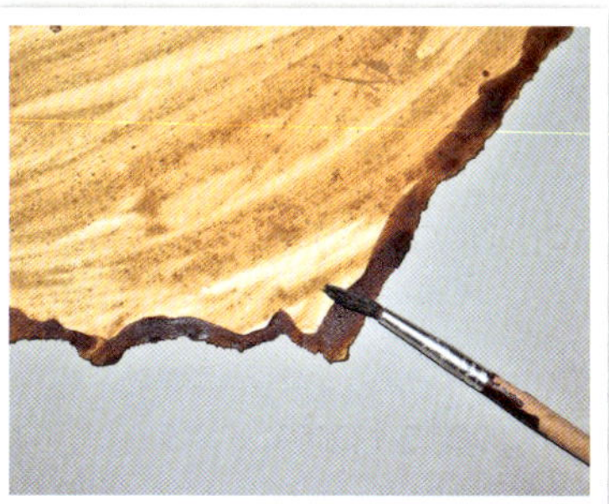

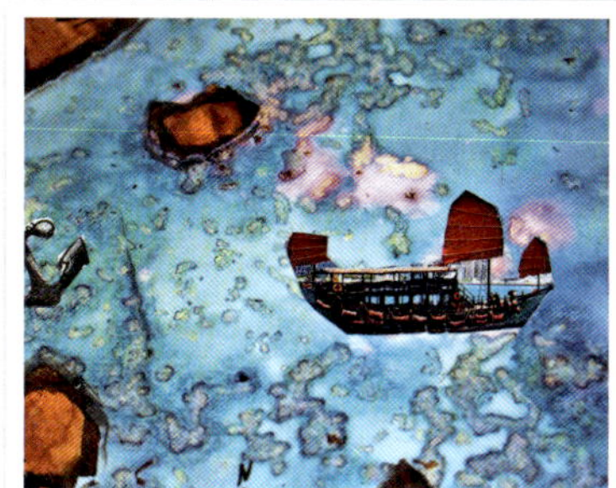

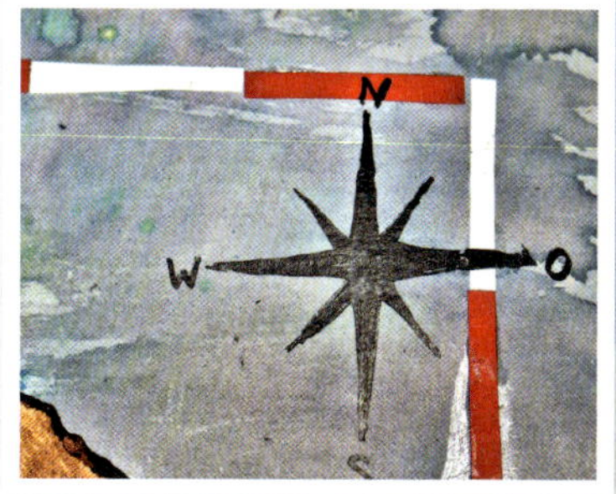


**Kreatividee:**
Die Schatzkarte kann auch für eine Schatzsuche beim Schulklassenfest oder Wandertag genutzt werden. Eine Geschenke- oder Süßigkeitenkiste wird draußen versteckt und eine Schatzkarte von der Umgebung gestaltet. Dort, wo die Kiste versteckt ist, zeichnet man ein rotes Kreuz ein. Dann kann die Schatzsuche beginnen!

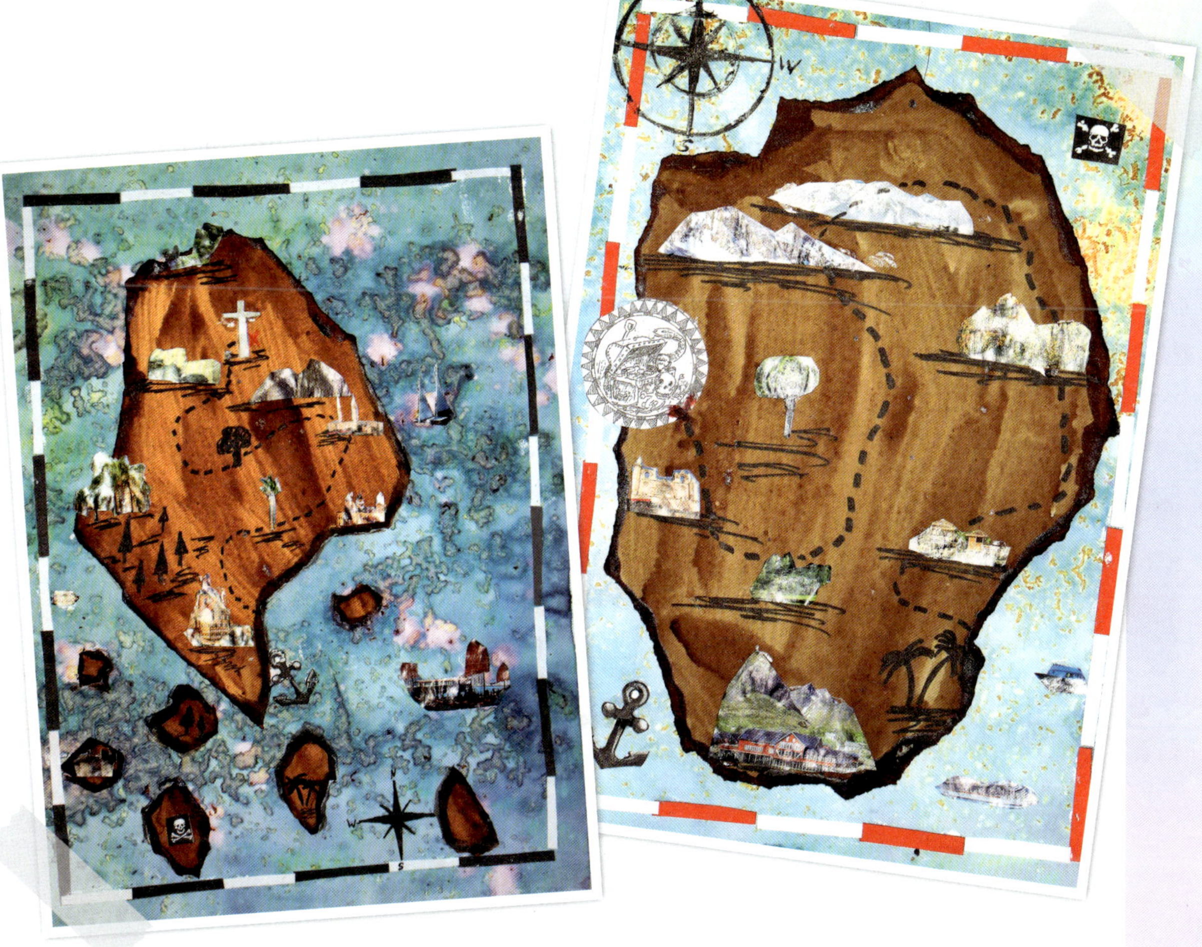

# Blumenfeen (1)

**Arbeitszeit:**
2–3 Unterrichtsstunden

**Material:**
Papiertaschentücher, Plastikhandschuhe, Pflanzenfarben, Zeitungspapier, Büroklammern, Kleber, 1 schwarzer Filzstift, 1 feiner Pinsel

**Lernziele:**
- Förderung der Feinmotorik durch Reißen, Rollen und Falten von Papieren
- Erlernen einer Ziehharmonikafaltung
- Studium von Körperhaltung und Position von Armen und Beinen beim Tanzen
- Entwerfen und Zeichnen eines zarten Feenkörpers in Tanzbewegung
- Schulung der Ästhetik durch geeignetes Anordnen der einzelnen Teile
- Förderung der sprachlichen Fähigkeiten durch Erzählen einer selbst erfundenen Geschichte
- Geduld und Ausdauer entwickeln

**Anleitung:**
Die Schüler tauchen zunächst je ein Papiertaschentuch in eine der Pflanzenfarben und wringen es fest aus. Dabei ist es ratsam, Plastikhandschuhe zu tragen. Die Tücher werden auf einer alten Zeitung glatt gestrichen und getrocknet. Danach falten die Schüler die eingefärbten Taschentücher wie eine Ziehharmonika hin und her und streichen mit der Handfläche fest über die Faltungen. Sie klappen die Ziehharmonika in der Mitte zusammen und fixieren sie am unteren, geschlossenen Ende mit einer Büroklammer.
Nun wird der obere Rand des Taschentuches etwa 0,5 cm weit abgerissen, da die Pflanzenfarbe die einzelnen Papierlagen am Rand miteinander verklebt hat. Die Lagen des Papiertaschentuches lassen sich leicht auseinanderzupfen und wie eine Rosette ordnen. Die Büroklammer wird entfernt und etwas Bastelkleber zum Fixieren in die Mitte der Rosette geklebt. Die Kinder gestalten drei Rosetten in unterschiedlichen Farben.

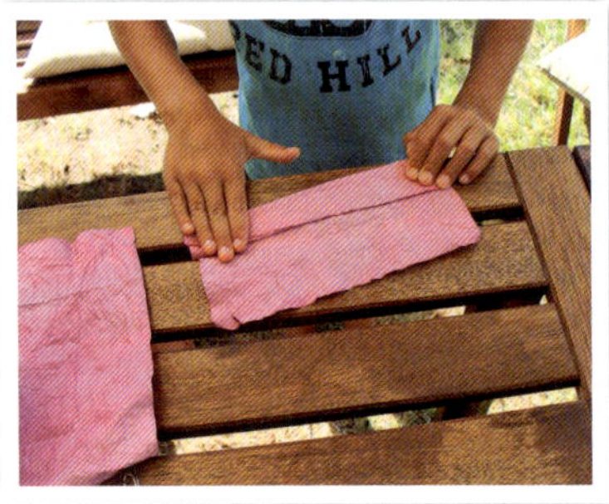

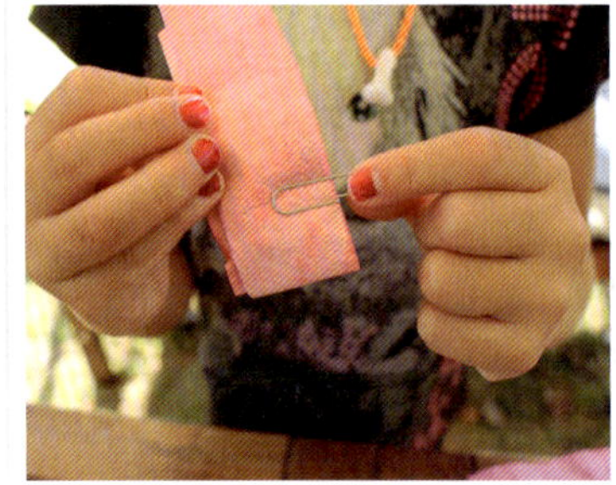

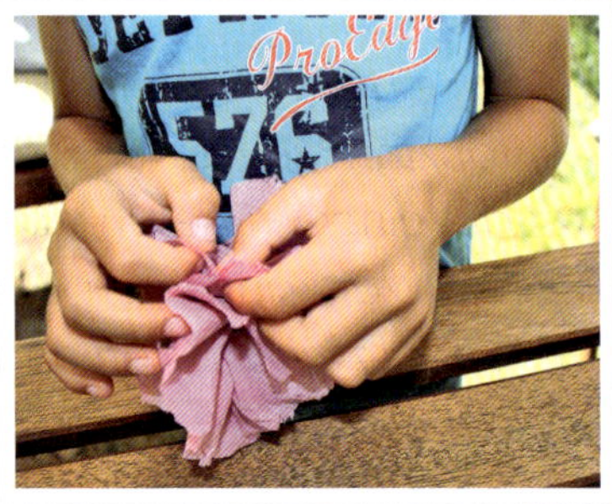

# Blumenfeen (2)

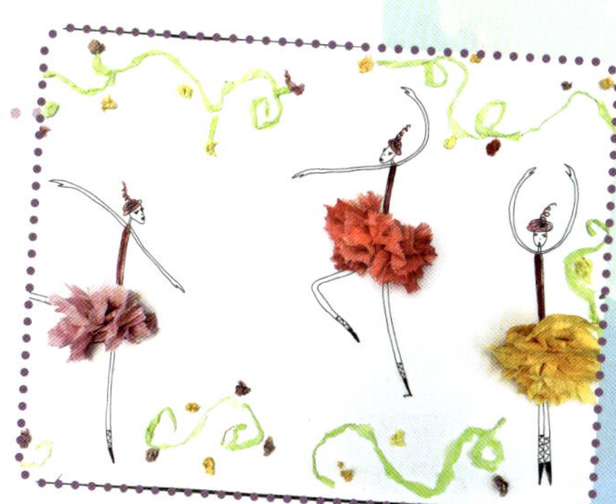

Mit schwarzem Filzstift zeichnen die Kinder drei schmale zierliche Feenkörper mit schlanken Armen und langen Beinen in einer Tanzposition auf einen weißen Tonkarton. Die Feen erhalten noch Ballettschuhe mit Schnüren, ein Hütchen und ein Gesicht. Hut und Oberkörper werden mit Pflanzenfarbe ausgemalt. Die Flügel werden mit heller Pflanzenfarbe an die Feen gemalt. Dann klebt man die Papierrosetten als Röckchen an der Taille der Feen fest.
Nun reißen die Schüler ein grün gefärbtes Papiertaschentuch in schmale Streifen und bewegen diese zwischen den Handflächen hin und her. Die entstandenen Rollen werden als Girlande entlang des Bildrandes geschlungen und mit Bastelkleber festgeklebt.

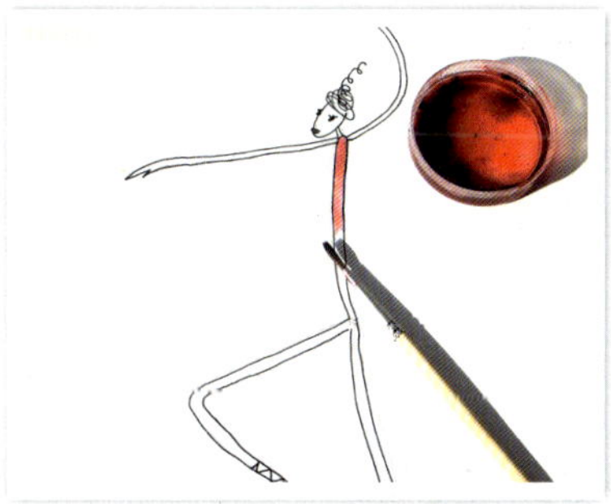

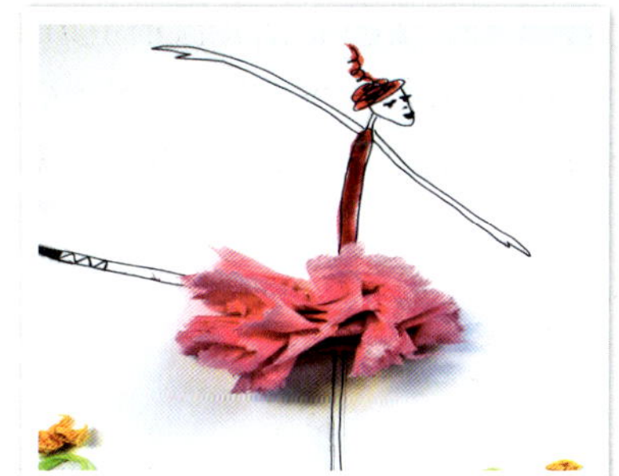

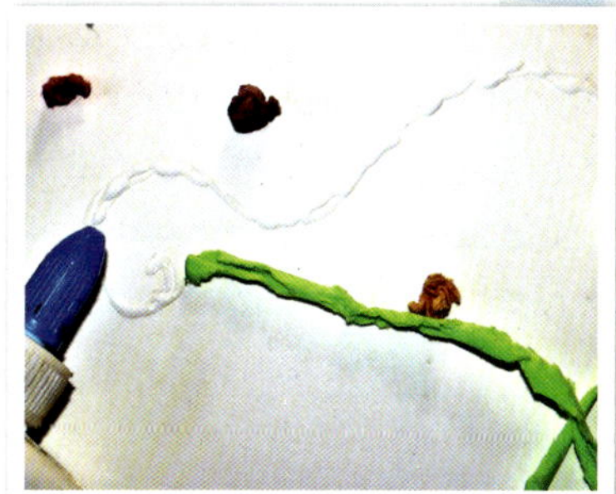

Zum Schluss rollen die Kinder aus den Resten der farbigen Papiertücher kleine Kugeln, die als Blüten an der grünen Girlande angebracht werden.
**Tipp:** Manchmal erweisen sich die einzelnen Lagen des Papiertaschentuches beim Auseinanderzupfen als hartnäckig. Deshalb feuchtet man Daumen und Zeigefinger ein wenig an, presst das Taschentuch zwischen die beiden Finger und zieht sie vorsichtig auseinander.

**weiterführende Idee:**
Um die Fantasie und die sprachliche Kompetenz zu fördern, erfinden die Schüler passend zu dem Feenbild eine spannende Kurzgeschichte. Der Anfang wird vorgegeben, die Schüler erzählen die Geschichte weiter:

*An einem warmen Frühlingstag*
*tanzten die kleinen Blumenfeen*
*auf einer grünen Wiese*
*am Waldrand ihren Reigen.*
*Vögel zwitscherten und Grillen zirpten.*
*Doch plötzlich …*

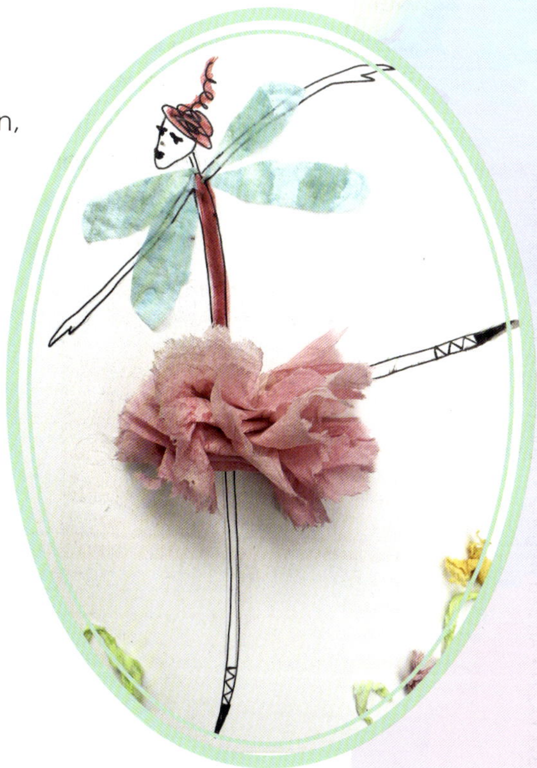

# Blumen aus Wattepads

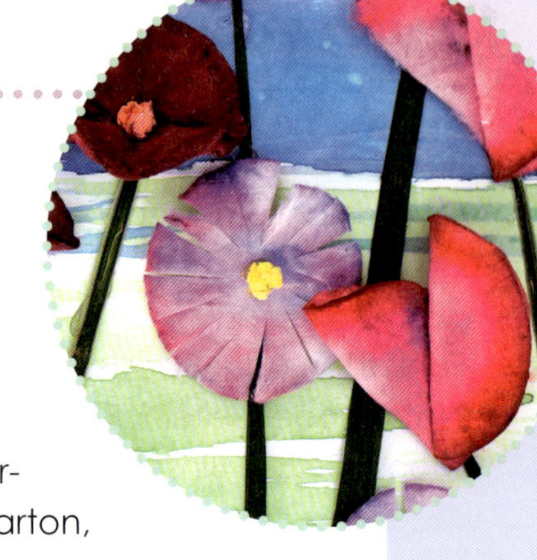

**Arbeitszeit:**

2 Unterrichtsstunden

**Material:**

Pflanzenfarben, je Farbe 1 Pinsel, Zeitungspapier, Wattepads, Wäscheleine oder Schnur, Wäscheklammern, Schere, Bastelkleber, Samenkapseln, Beeren, Pfefferkörner und andere Naturmaterialien, bunte Knöpfe, Pompons, weiße Pappe oder Tonkarton, kleine Zweige oder Gräser

**Lernziele:**

- sorgfältiges Einfärben der Pads mit geeigneten Pflanzenfarben
- Naturbeobachtungen zum Kennenlernen von verschiedenen Blütenformen
- Fläche formatgerecht gestalten
- Sammeln von Naturmaterialien zum weiteren Gestalten der Blumen (Pfefferkörner, Samenkapseln, Zweige, Gräser usw.)
- Förderung der Feinmotorik durch Schneiden und Falten von Wattepads
- Schulung der ästhetischen Wahrnehmung durch geeignetes Anordnen der einzelnen Blumen

**Anleitung:**

Auf einer Zeitung werden die weißen Pads ausgelegt und mit Pflanzenfarben betupft oder bestrichen. Danach hängt man sie zum Trocknen auf eine Leine.
Nach dem Trocknen können die Pads vom Rand her ein Stück eingeschnitten oder gefaltet werden. In die Mitte der Blüten kleben die Kinder gesammelte Samenkapseln, bunte Pfefferkörner oder andere Naturmaterialien. Aber auch bunte Knöpfe oder kleine Pompons sehen hübsch aus.
Eine weiße Pappe wird von den Kindern farbig (zum Besipiel als Landschaft) gestaltet. Nach dem Trocknen klebt man die bunten Blüten mit Kleber auf die Pappe. Als Stängel dienen kleine Zweige oder Gräser, die auf die passende Länge gebrochen oder geschnitten werden.

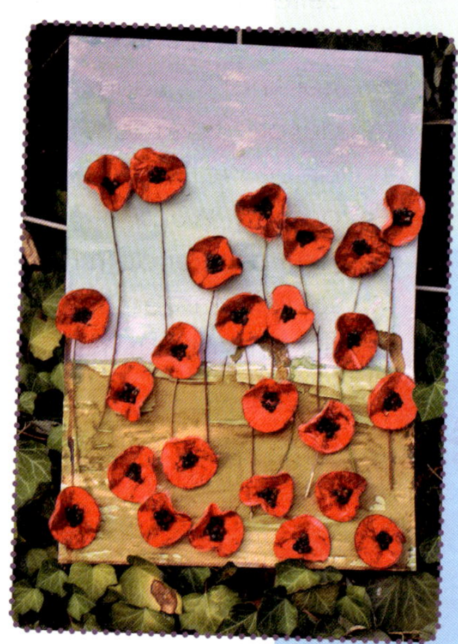

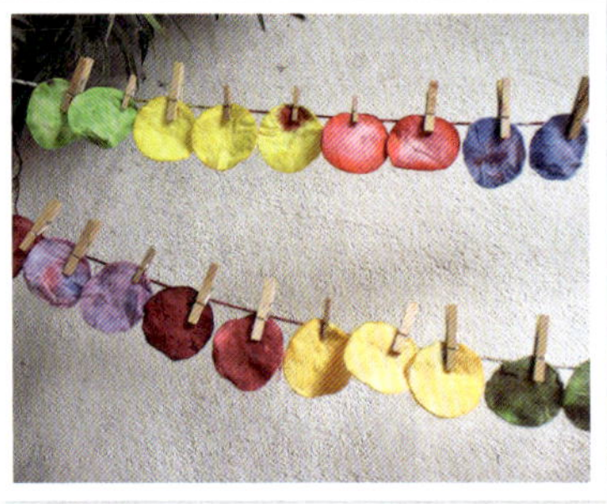

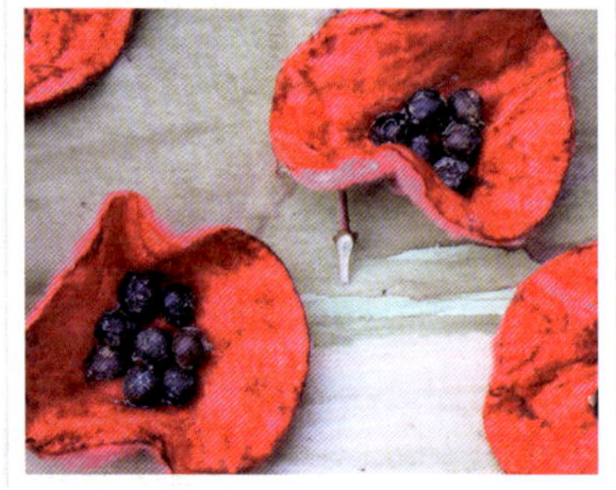

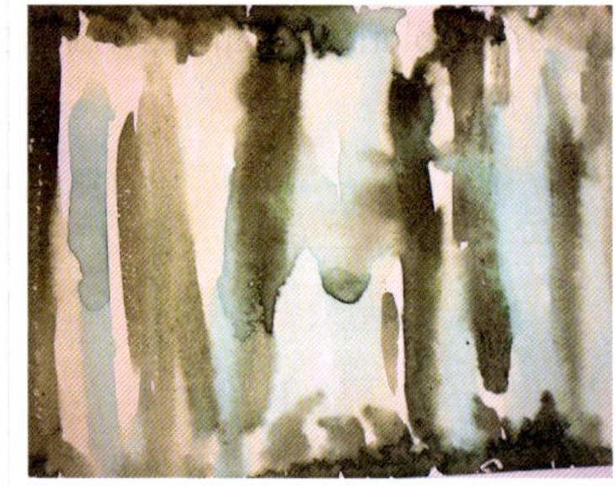

# Seerosenteich frei nach Monet

**Arbeitszeit:**

2 Unterrichtsstunden

**Material:**

Tonkarton oder Pappe, Pflanzenfarben, je Farbe 1 Pinsel, Natron oder Seife, 1 Pinsel, Wattepads, Wasser, Küchenkrepp, Moos, Gräser, Binsen, Bastelkleber

**Lernziele:**

- Kennenlernen der Seerosenbilder von Monet
- Planung eines eigenen Arrangements als Seerosenteich
- Wecken der Experimentierfreude beim Mischen von neuen Farbtönen
- feinmotorisches Training durch Gestalten von Seerosenblüten
- Schulung der Ästhetik durch geeignetes Anordnen der einzelnen Teile
- fantasievolles Ausstatten der „Uferzone“ mit Naturmaterialien

**Anleitung:**

Die Schüler bestreichen einen Tonkarton oder eine Pappe mit Rotkraut- oder Holunderbeerenfarbe. Danach wird Natron oder Seife mit einem Pinsel auf der nassen Farbfläche verteilt, sodass das Wasser türkisfarbene Nuancen erhält. Nachdem die Farbe getrocknet ist, kann die Uferzone mit etwas Moos, Gräsern oder Binsen dekoriert werden. Dazu verwenden die Schüler Bastelkleber.

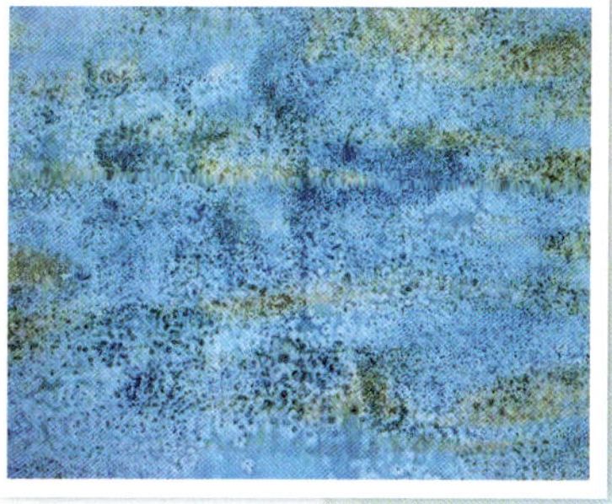

Einige Wattepads werden mit Rote-Bete- oder Himbeerfarbe eingefärbt. Wünscht man blasse oder hellere Farben, so feuchtet man die Pads vor dem Färben mit Wasser an. Sie nehmen dann nicht so viel Pflanzenfarbe auf und werden heller im Farbton. Nach dem Trocknen biegt man die Ränder der Wattepads wie ein Körbchen nach oben.

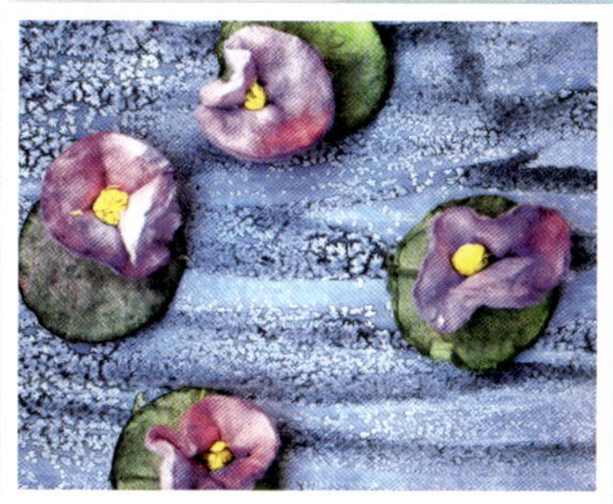

Ein Stück Küchenkrepp wird mit gelber Pflanzenfarbe (z. B. gelbe Paprikafarbe) bestrichen. Nach dem Trocknen reißen die Schüler es in ca. 4 x 4 cm große Stücke und rollen es in der Hand zu kleinen Kugeln. Diese kleben sie in die Mitte von jeder Seerose.

Einige grün gefärbte Wattepads dienen als Seerosenblätter.

Dann arrangieren die Schüler die Seerosen und die Blätter auf dem Teich und kleben sie dort fest.

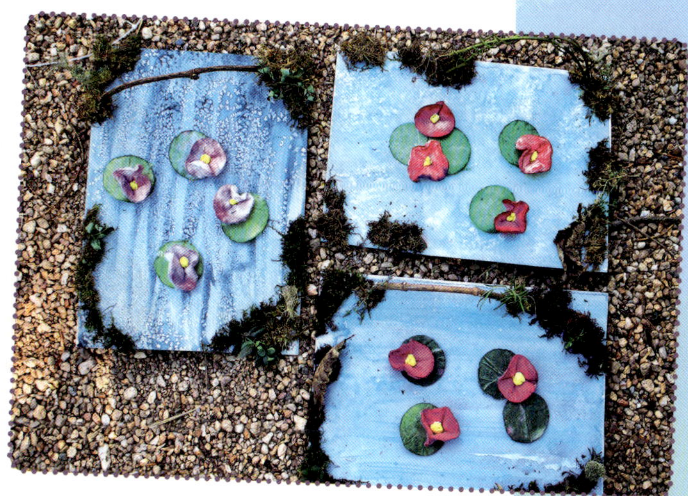

# Teebeutel färben

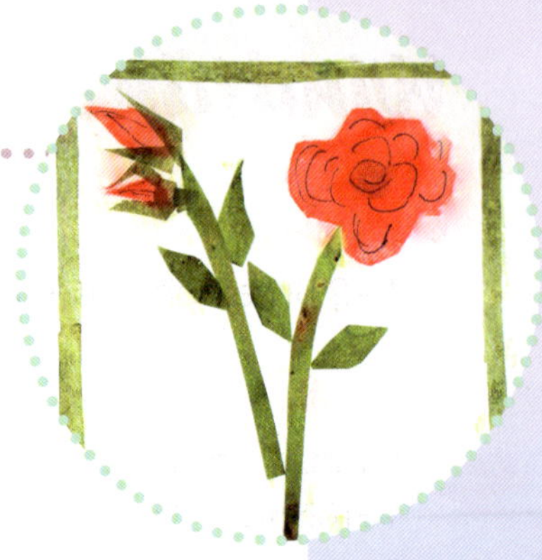

Die meisten Teesorten werden in weißen Teebeuteln angeboten. Diese bestehen aus Pflanzenfasern, sind transparent, saugfähig und auch in nassem Zustand sehr reißfähig. Meist hält eine Metallklammer das Filterpapier zusammen. Teebeutel eignen sich sehr gut zum Einfärben mit Pflanzenfarben.

**Arbeitszeit:**
2 Unterrichtsstunden

**Material:**
Teebeutel (Malventee), 1 Schälchen, Schere, Zeitungspapier, Pflanzenfarben, je Farbe 1 Pinsel, weißes Tonpapier oder weiße Grußkarten, Kleber, Kleister, 1 Pinsel, 1 Schüsselchen, leere Marmeladen- oder Gurkengläser, Teelicht oder kleine Lichterkette

**Lernziele:**
- sorgsames Einfärben von sehr dünnem Papier
- Wecken der Experimentierfreude durch Überstreuen mit Malventee
- Erfinden von neuen Farben durch Überlagerung von Papieren
- fantasievolles Gestalten von farbenfrohen Grußkarten
- Herstellen eines dekorativen Gebrauchsgegenstandes (Windlicht)

**Anleitung:**
Zuerst lösen die Schüler vorsichtig die Metallklammer der Teebeutel. Der Tee wird in einem Schälchen gesammelt, um später weiterverwendet zu werden. Der Teebeutel wird aufgefaltet und entlang der Naht aufgeschnitten. So erhält man ein Rechteck der Größe 15 x 8 cm. Die Schüler legen die Teebeutel auf eine alte Zeitung und bestreichen die Beutel mit Pflanzenfarbe. An der Heizung oder in der Sonne trocknen sie rasch.

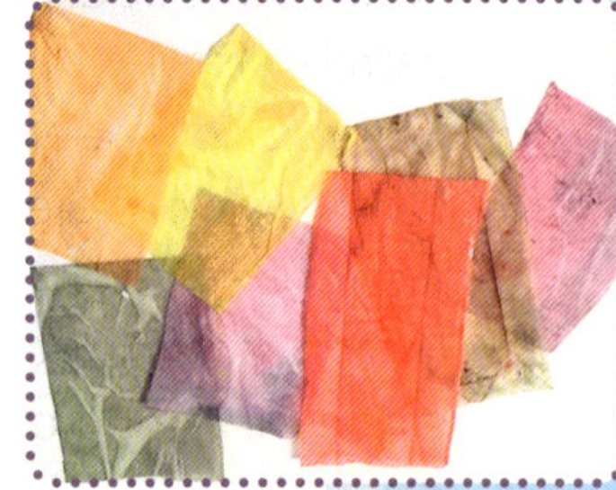

**Tipp:** Streut man einige Krümel Malventee auf das nasse Teebeutelpapier, so erhält es ein interessantes Farbmuster.
Mit Hilfe der hauchdünnen, farbigen Teebeutelpapiere lassen sich hübsche Motive für Grußkarten gestalten. Um die Leuchtkraft des Papieres zu erhalten, eignet sich weißes oder anderes helles Papier als Hintergrund. Die zarten Papiere können sich auch überlappen. Dabei entstehen neue Farben.

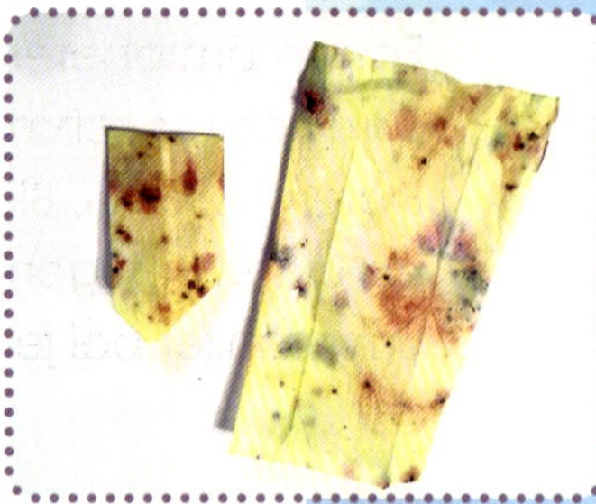

**Kreatividee:**
Das hauchdünne Papier kann auch wie Transparentpapier verwendet werden. Die Schüler können daraus Windlichter gestalten. Dazu werden Motive aus dem Teebeutelpapier ausgeschnitten, mit Kleister eingestrichen und auf ein leeres Marmeladen- oder Gurkenglas geklebt. Ein Teelicht oder eine kleine Lichterkette bringen das Windlicht zum Leuchten.

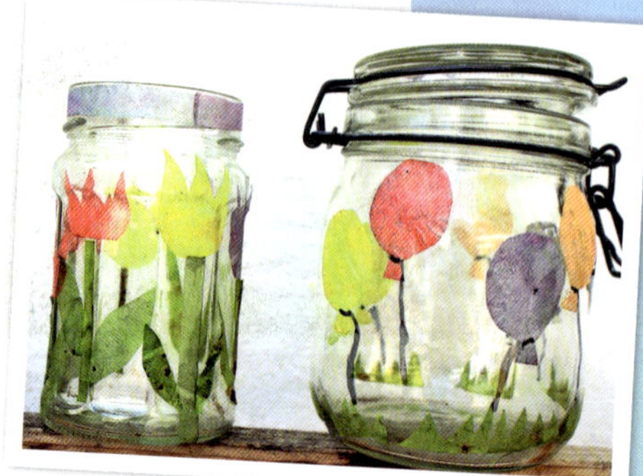

# Windtänzer

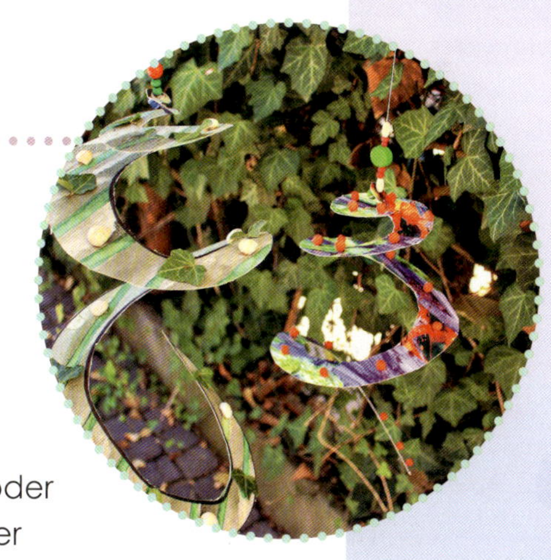

**Arbeitszeit:**

1 – 2 Unterrichtsstunden

**Material:**

Pflanzenfarben, je Farbe 1 Pinsel, weißer Tonkarton, 1 Bleistift, 1 Frühstücksteller, 1 schwarzer Filzstift, Schere, 1 Prickelnadel, Faden ca. 50 cm, einige bunte Perlen, Blüten, Blätter, Beeren oder andere Naturmaterialien wie Muscheln, leere Schneckenhäuser o. Ä., Kleber

**Lernziele:**

- Gestalten einer individuellen Dekoration
- Nutzung eines Alltagsgegenstandes als Schablone zur Formgebung
- exaktes Schneiden auf einer vorgezeichneten Linie
- Entwickeln einer Idee für eine geeignete Aufhängung
- Förderung der Feinmotorik durch Auffädeln von Perlen
- Kreativität fördern durch Ideenentwicklung beim Ausschmücken mit Naturmaterialien

**Anleitung:**

Die Schüler bemalen einen Bogen Tonkarton mit bunter Pflanzenfarbe nach eigener Fantasie.
Nach dem Trocknen zeichnen sie mit Bleistift oder schwarzem Filzstift einen großen Kreis darauf. Dazu können sie als Schablone einen Frühstücksteller oder Ähnliches benutzen.
Dann wird auf die Kreisfläche eine Spirale gezeichnet und von außen nach innen ausgeschnitten.
In den Mittelpunkt wird mit einer Prickelnadel ein Loch gestochen. Hierdurch zieht man einen Faden, auf den einige bunte Perlen gefädelt werden. Zum Aufhängen wird der Faden am oberen Ende zu einer Schlaufe gebunden.
Zum Schluss schmücken die Schüler die Spirale mit bunten Blüten, Beeren, Blättern oder Muscheln.
An einem luftigen Ort aufgehängt, dreht sich der bunte Windtänzer bei jedem Luftzug.

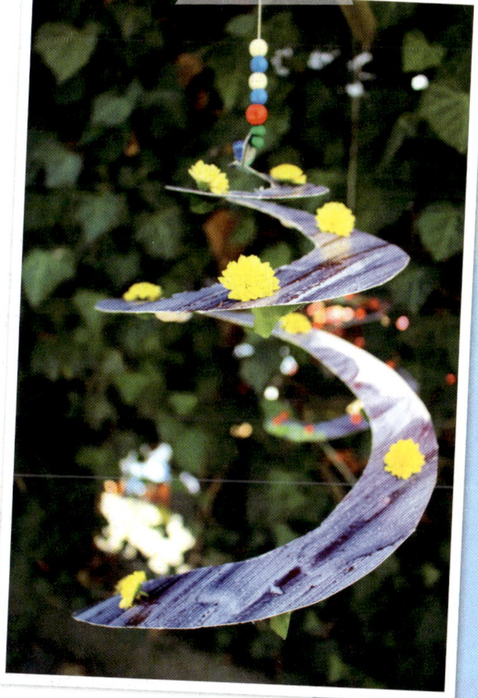

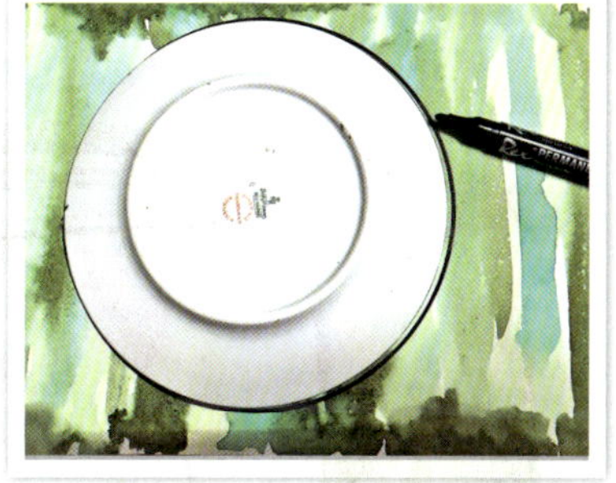

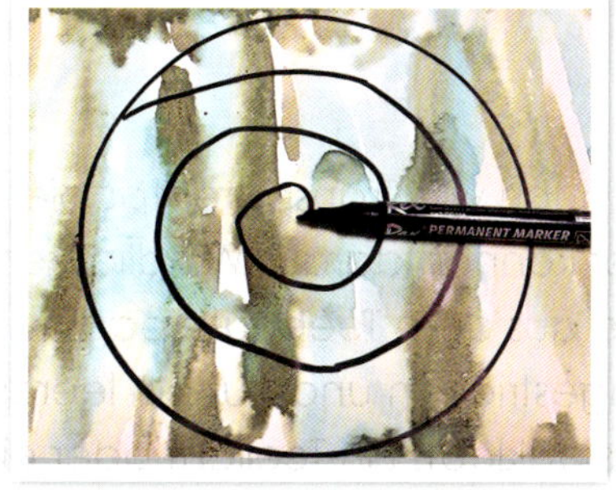


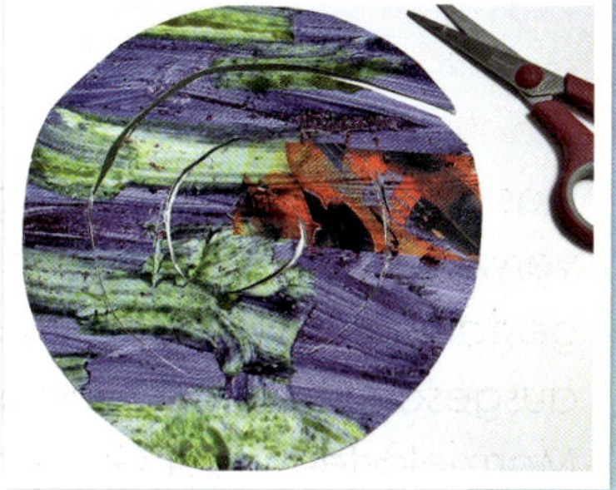

# Klassenprojekt: Meine Hände, meine Füße

**Arbeitszeit:**
1 – 2 Unterrichtsstunden

**Material:**
1 Bleistift, weißer Tonkarton oder Pappkarton, Schere, Pflanzenfarbe, je Farbe 1 Pinsel, Naturmaterialien wie Blüten, Blätter, Beeren, Kleber, altes Telefonbuch oder dicker Katalog, evtl. Zeitungspapier

**Lernziele:**
- Benennen von Körperteilen (Arm, Bein, Hand, Zeh, Finger)
- Teamfähigkeit beim Arbeiten mit einem Partner
- exaktes Zeichnen der Umrisslinien von Handflächen
- Schneidetechnik von Zacken und Rundungen üben (Finger)
- Entwerfen von farbigen Mustern
- bewusstes Sammeln von geeigneten Naturmaterialien zum Ausschmücken
- spielerische Förderung der optischen Wahrnehmung
- Schulung der sprachlichen Kompetenz

**Anleitung:**
In Partnerarbeit umranden die Schüler gegenseitig ihre Handflächen mit Bleistift auf Karton und schneiden sie aus. Danach werden sie mit Pflanzenfarbe bemalt und mit Naturmaterialien verziert. Legen Sie hierfür eventuell Zeitungspapier unter.
**Tipp:** Wenn sich der Karton durch die Feuchtigkeit zu sehr gewellt hat, kann man ihn nach dem Trocknen eine Zeit lang in einen Katalog oder ein altes Telefonbuch legen. Schon nach kurzer Zeit sind die Hände aus Karton wieder flach.

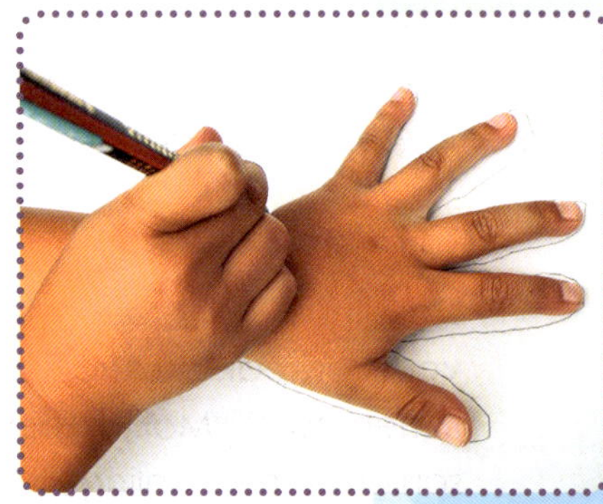

**weiterführende Idee:**
Mit den fertig gestalteten Händen der Schüler kann im Klassenraum ein interessantes Wahrnehmungsspiel durchgeführt werden, das gleichzeitig die sprachliche Kompetenz fördert: Die Schüler platzieren ihre bemalten und geschmückten Papphände auf einem Tisch und stellen sich um den Tisch herum. Der erste Schüler beschreibt seine Hand nach Farbe, Aussehen und Schmuckdetails. „Meine Hand hat violette Streifen und ein Armband aus rosa Büten.“ oder „Ich trage lila Nagellack und einen Blüten-Fingerring.“ Der Schüler, der die richtige Hand erraten hat, hat gewonnen und darf seine Hand als Nächster beschreiben.

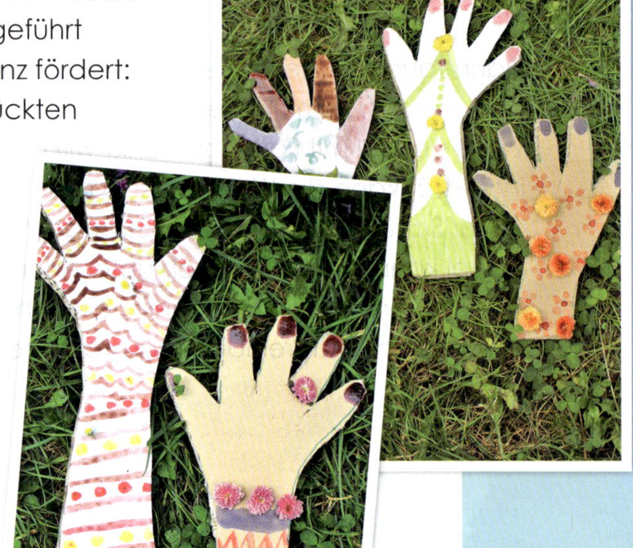

# Wolle färben (1)

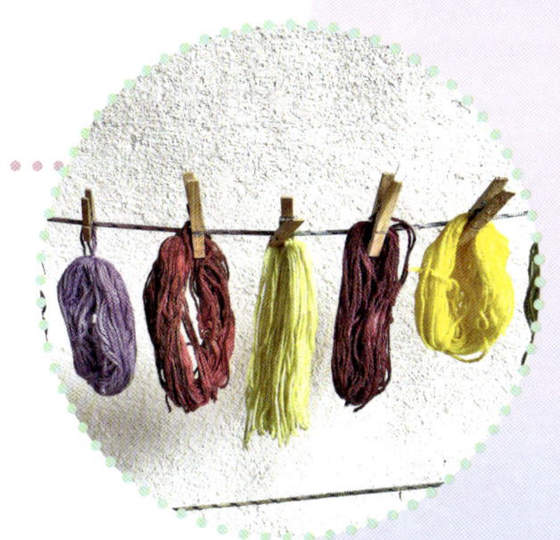

Wolle mit Pflanzenfarben zu färben, hat einen besonderen Reiz. Beim Färben entstehen warme Farbtöne, die gut zueinander passen. Jeder Färbevorgang fällt anders aus. Nicht nur die Intensität der Pflanzenfarbe ist für das Ergebnis entscheidend, sondern auch der Standort der Pflanzen und die Jahreszeit beeinflussen die Farbe. Alle Wollsorten aus Naturmaterialien können gefärbt werden, zum Beispiel Baumwolle, Schafswolle, Wolle aus Leinen oder Seide.

**Arbeitszeit:**

1 Unterrichtsstunde

**Material:**

Gummihandschuhe, 1 Knäuel weiße Baumwolle für ca. 8 Kinder, 1 kleines Buch, Schere, verschiedene Pflanzenfarben, eine Schüssel je Farbe, 1 Löffel, 1 Wäscheleine, Wäscheklammern, je 1 Knäuel naturfarbene Schafswolle, weißes Seidengarn, weißes Leinengarn oder andere Naturfasern, weißes Synthetikgarn

**Lernziele:**

- Kennenlernen und Ausprobieren der Wollfärbetechnik im Pflanzenfärbebad
- Förderung der Feinmotorik durch gleichmäßiges Wickeln der Wolle zu großen Schlingen
- Unterscheiden von Wollarten nach optischen und haptischen Gesichtspunkten
- Vergleichen der Färbungen von verschiedenen Wollarten

**Anleitung:**

Damit die Wolle locker im Farbbad schwimmt, wickelt man sie vom kompakten Knäuel ab. Dazu schlingen die Kinder den Wollfaden ca. 20 Mal um ein kleines Buch, schneiden den Faden ab, schieben die Schlingen vorsichtig vom Buch herunter und binden die Schlaufen oben und unten mit einem weiteren Wollfaden ab. Die Abbindfäden verhindern, dass sich die Wolle in der Flüssigkeit verheddert.

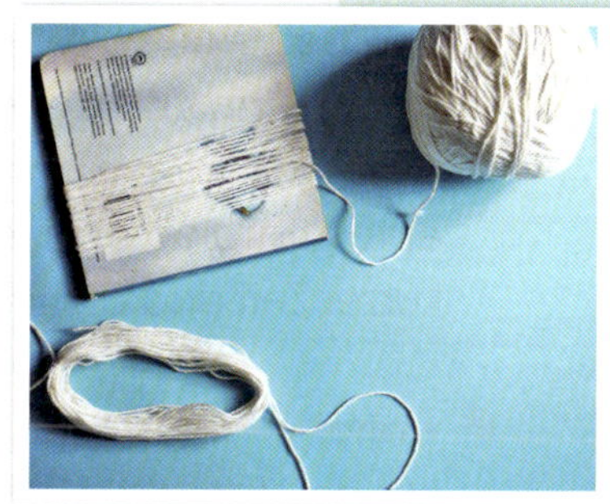

Dann tauchen die Kinder die Wollschlaufen in die Pflanzenfarbe. Dort werden sie mit einem Löffel hin und her bewegt, sodass die Wolle überall mit Farbe getränkt wird. Je nach gewünschter Farbintensität kann die Wolle 5 bis 10 Minuten in der Farbe bleiben. Jeder Schüler färbt mehrere Stränge Wolle in verschiedenen Farben. Dabei können Farben auch untereinander gemischt werden. Zum Weiterverarbeiten können die Schüler ihre gefärbten Wollknäuel auch untereinander austauschen.

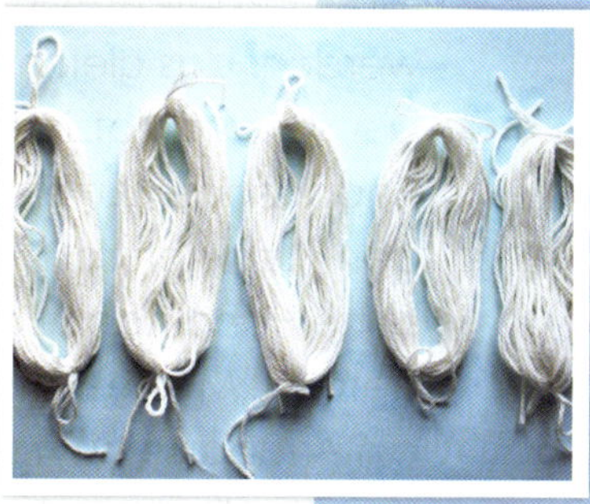

# Wolle färben (2)

Dann wird sie herausgenommen, ausgewrungen und zum Trocknen auf eine Wäscheleine gehängt. Um ein Verfärben der Hände zu vermeiden, sollten dabei Gummihandschuhe getragen werden.
Nach dem Trocknen kann die farbige Wolle zu einem Knäuel gewickelt und zum kreativen Gestalten weiterverwendet werden.

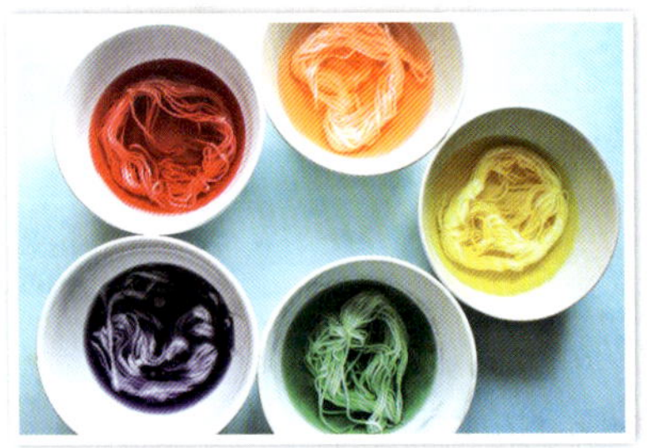

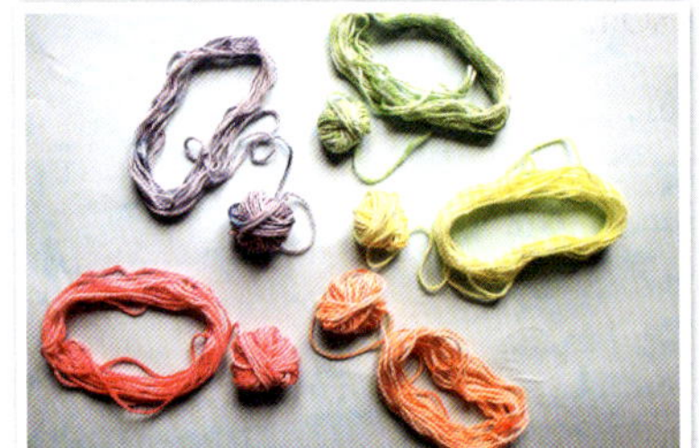

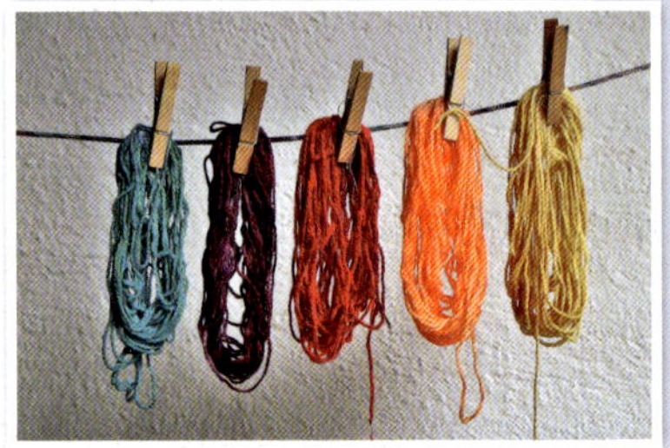

**Experiment:**

Die Schüler bereiten verschiedene Arten von Wolle für das gleiche Farbbad vor, indem sie die Fäden wie oben beschrieben zu lockeren Schlingen wickeln. Diese werden nacheinander in die gleiche Pflanzenfarbe getaucht, ausgewrungen und zum Trocknen aufgehängt.
Die Kinder können beobachten, dass die verschiedenen Garnsorten die Pflanzenfarbe unterschiedlich aufnehmen. Nach dem Trocknen vergleichen die Schüler die Farben der Wollstränge.

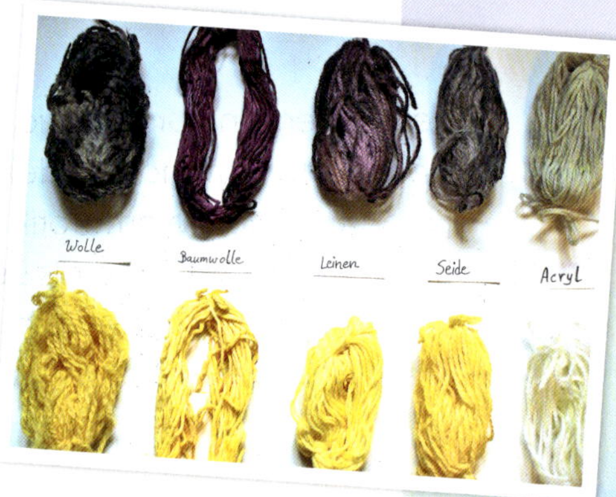


**Hinweis:**

Wolle, die auf diese Weise gefärbt wurde, eignet sich nur zum kreativen Gestalten von kleinen Kunstwerken, nicht aber zum Herstellen von Kleidungsstücken, da die Färbung nicht waschbeständig ist.

**Tipp:** Die selbst gefärbte Wolle kann für die Angebote „Das Auge Gottes" (s. S. 49) oder „Lustige Landschildkröten" (s. S. 51) verwendet werden.

Wenn die Wolle zum Herstellen von Kleidungsstücken genutzt werden soll, muss sie vor dem Färben eine Stunde lang in kochender Alaunlösung gebeizt werden. Anschließend werden die Stränge ausgewaschen und dann in den heißen Sud aus Pflanzenfarbe gelegt. Dort wird die Wolle hin und her bewegt, damit sie überall von der Pflanzefarbe durchdrungen wird. Nach einer Stunde wird sie aus dem Pflanzensud herausgenommen und ausgewaschen. Zum Trocknen hängt man sie an einen luftigen Ort.

# Das Auge Gottes (1)

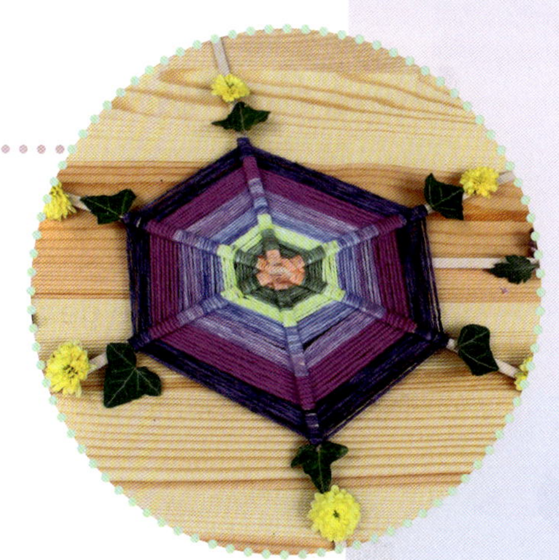

„Das Auge Gottes" ist ein mexikanischer Glücksbringer, der bei den Huicholen (indigene mexikanische Bevölkerungsgruppe)aus farbiger Wolle gewebt wird. Zur Geburt seines Sohnes oder seiner Tochter fertigt ein Vater einen solchen Glücksbringer. In jedem Jahr am Geburtstag kommt eine neue Farbe dazu, bis das Kind fünf Jahre alt ist. Der Glücksbringer stellt ein Auge dar, das über andere wachen und Glück bringen soll.

**Arbeitszeit:**

1 Unterrichtsstunde

**Material:**

2 – 3 unverzweigte Äste von Haselnuss oder Weide, Bambus- oder Bastelstäbe, mehrere pflanzengefärbte Garne, Schere, Bastelkleber, Blüten, Blätter, Beeren oder andere Naturmaterialien

**Lernziele:**

- Kennenlernen von Tradition und Brauchtum in anderen Ländern
- geeignete Verbindung der Wollfäden durch Aneinanderknoten
- Förderung der Feinmotorik durch gleichmäßiges Wickeln von Wollfäden
- Binden einer Schlinge als Befestigung des Wollanfangs erlernen
- Schulung der ästhetischen Wahrnehmung durch Farbauswahl der Wolle
- Kreativität entwickeln beim Ausschmücken mit Naturmaterialien

**Anleitung:**

Die Schüler legen zwei oder drei gerade, unverzweigte Äste kreuz- bzw. sternförmig übereinander. Besonders gut eignen sich Weiden- oder Haselnusszweige. Es können aber auch Bambus- oder Bastelstäbe verwendet werden.

Den Anfang der ersten Wolle knotet man zu einer Schlinge und zieht sie fest um den Schnittpunkt der Zweige herum. Das Garn wird abwechselnd von links nach rechts und von rechts nach links über den Schnittpunkt gewickelt. So wird die Mitte kreuzweise überdeckt.

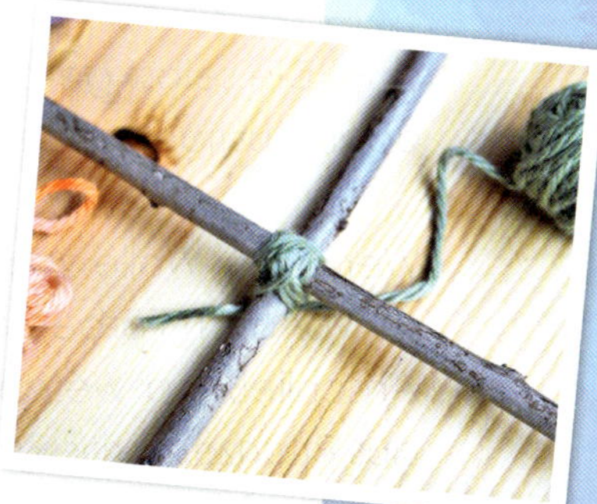

Dann legt man mit der gleichen Wolle eine Schlinge einmal um den Zweig herum, dreht das Kreuz gegen den Uhrzeigersinn und legt wieder eine Schlinge mit der Wolle um den nächsten Zweig. So fährt man weiter fort – drehen, Schlinge legen, drehen, Schlinge legen – bis man mit der Anzahl der Reihen zufrieden ist.
Der Wollfaden wird abgeschnitten.

# Das Auge Gottes (2)

Um die Farbe zu wechseln, knoten die Schüler eine neue Wolle an das Ende der ersten. So wickeln die Schüler die gefärbten Wollfäden gleichmäßig um die Äste, bis sie mit der Größe des Auges zufrieden sind. Das Ende des letzten Fadens wird mit etwas Bastelkleber fixiert.

Zum Schluss können die überstehenden Enden der Zweige mit Blüten, Blättern oder anderen Naturmaterialien geschmückt werden.

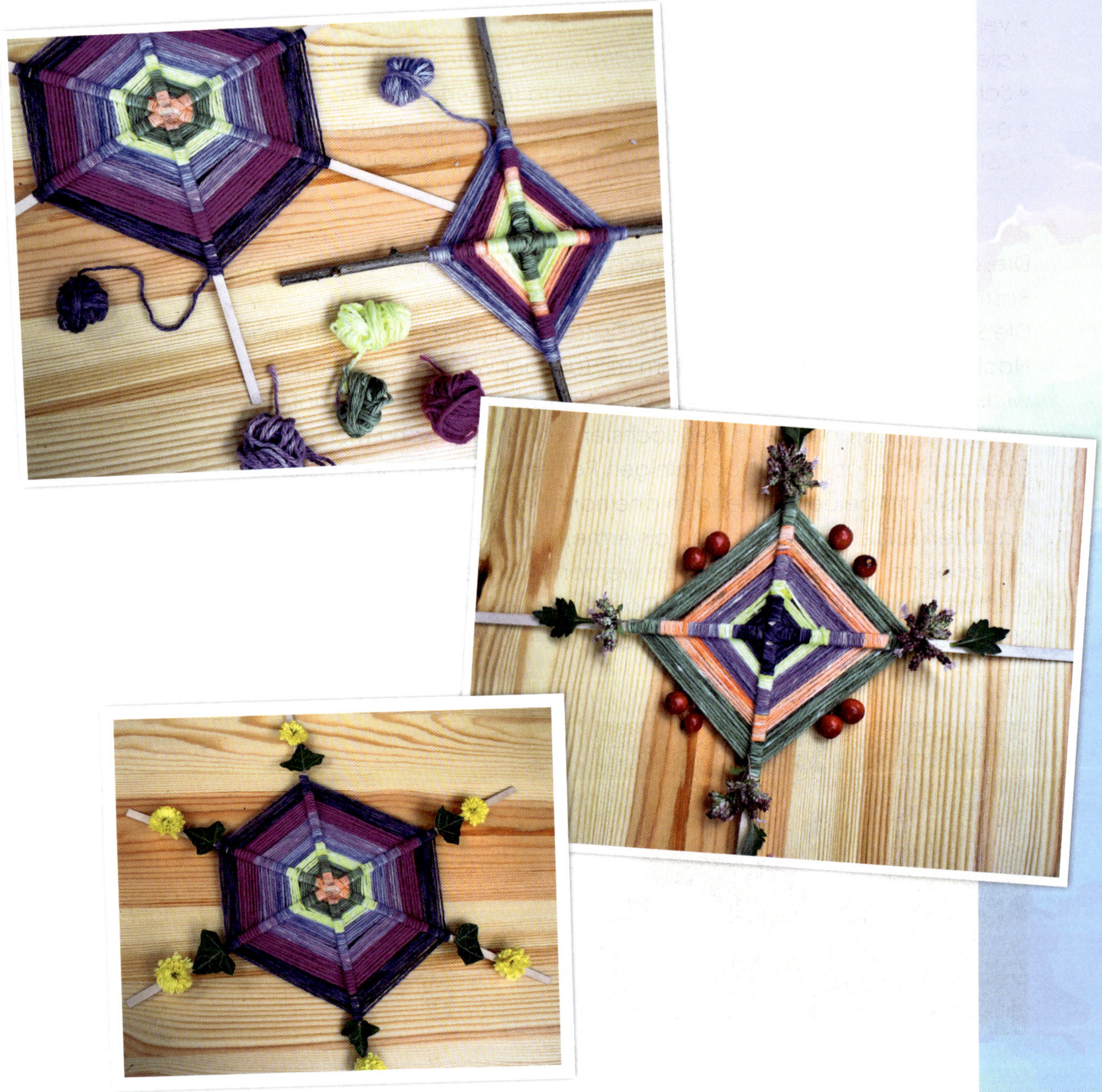

# Lustige Landschildkröten

**Arbeitszeit:**
1 Unterrichtsstunde

**Material:**
je Schildkröte 3 Eisstäbchen aus Holz, Kleber, grüne Pflanzenfarbe (aus Spinat, s. S. 11), 1 Pinsel, mehrere pflanzengefärbte Garne, Schere, 1 schwarzer Filzstift, 2 kleine Wackelaugen

**Lernziele:**
- Gestaltung eines individuellen Spielzeugs
- verantwortungsvoller Umgang mit Werkzeugen
- gleichmäßiges Wickeln der Wollfäden zum Fixieren der Holzstäbe
- Schulung der Feinmotorik durch Hoch- und Runterführen des Wollfadens
- geeignete Verbindung der Wollfäden durch Aneinanderknoten
- ästhetische Förderung der Wahrnehmung durch Auswahl der Farbfolge

**Anleitung:**
Drei Eisstäbchen werden sternförmig übereinandergelegt und mit etwas Bastelkleber fixiert.
Die Schüler bemalen den Stern aus Eisstäbchen mit grüner Pflanzenfarbe. Nach dem Trocknen wird der Stern mit farbiger Wolle am Schnittpunkt umwickelt. Dann weben die Schüler den Wollfaden gleichmäßig mal über, mal unter das Holzstäbchen, in der nächsten Reihe umgekehrt mal unter, mal über das Holzstäbchen. Nach einigen Reihen wechseln die Schüler die Farbe, indem sie die beiden Wollenden aneinanderknoten. Etwa die Hälfte der Holzstäbchen sollte frei bleiben und als Arme, Beine und Kopf gestaltet werden. Auf eines der Holzstäbchenenden werden zwei kleine Wackelaugen geklebt und mit Filzstift ein Mund gemalt. Dann zeichnen die Schüler mit Filzstift ein paar Striche als Krallen auf die vier Holzstäbchenenden neben dem Kopf.

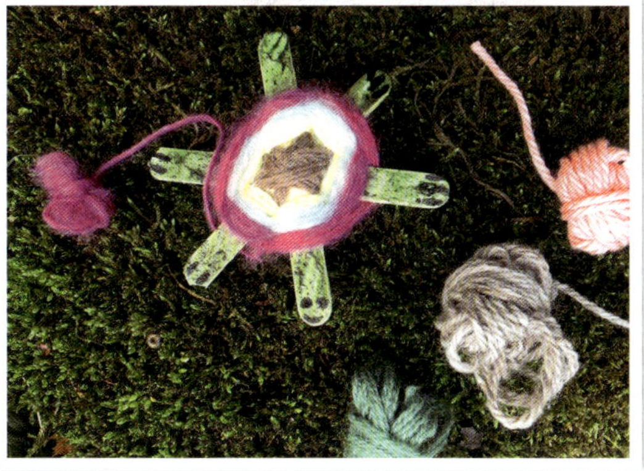

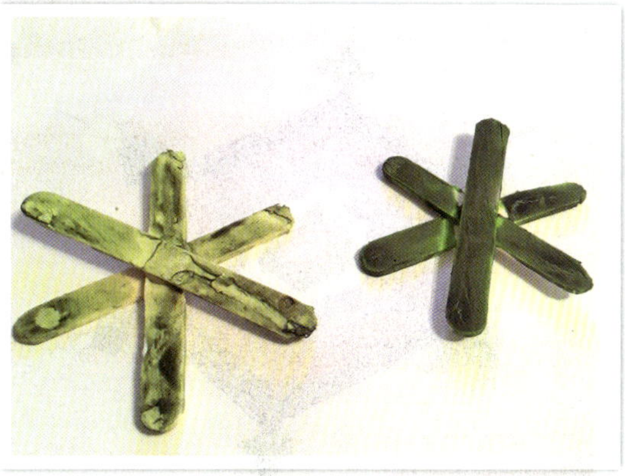

**weiterführende Idee:**
Aus einigen bunten Tüchern oder einer Fleecedecke gestalten die Schüler eine Spiellandschaft mit Hügeln und Höhlen. Hier können die lustigen Schildkröten einziehen.

# Vorlagen

zu S. 13

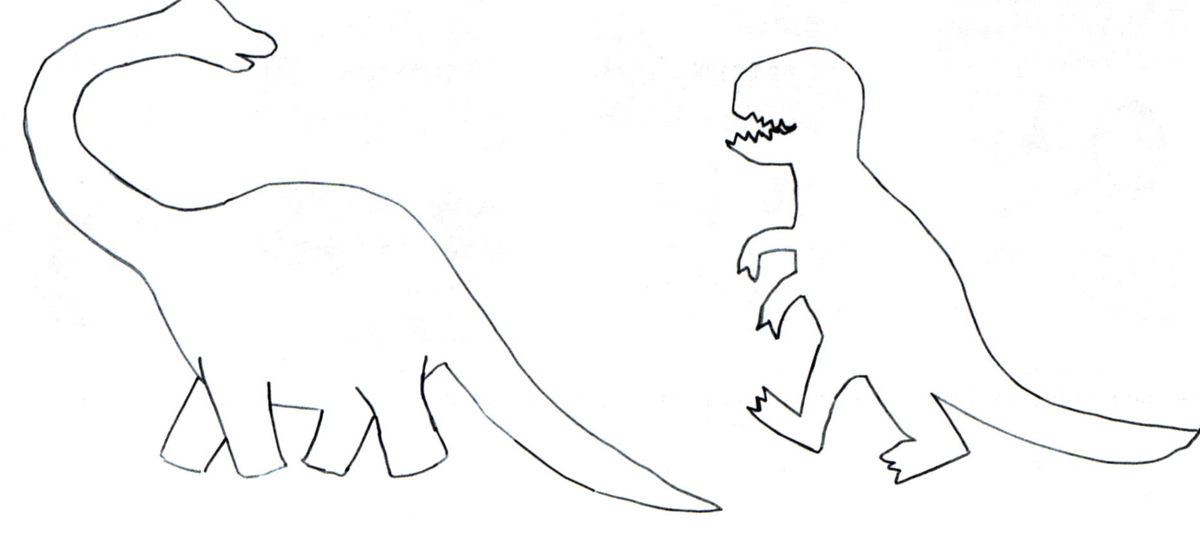

zu S. 15

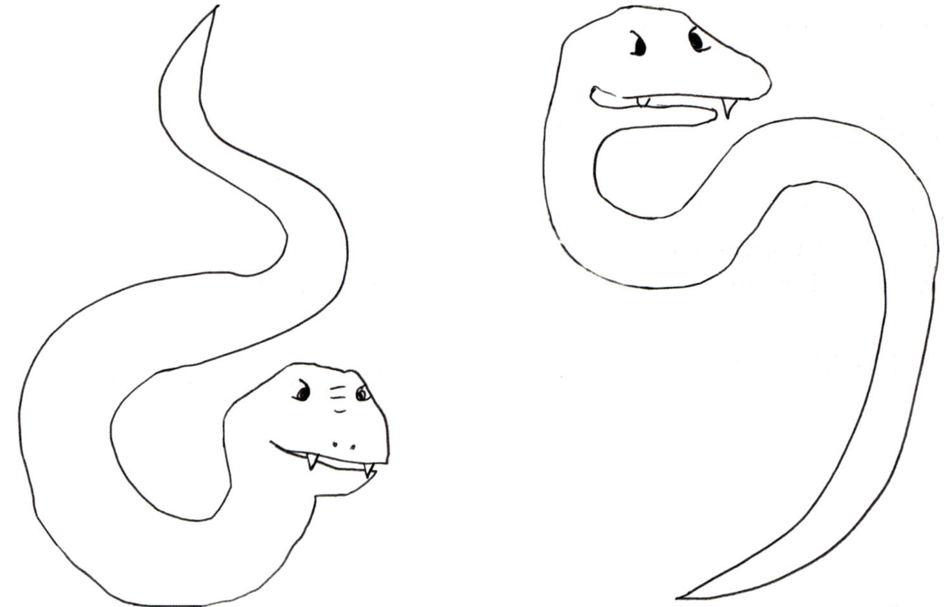

zu S. 34

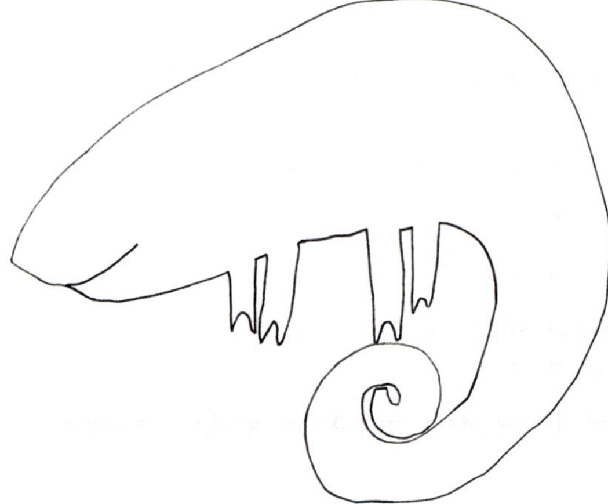

bitte hochkopieren